日経 XTECH　日経アーキテクチュア　日経コンストラクション　共同編集

検証 能登半島地震

首都直下・南海トラフ
巨大地震が今起こったら

日経BP

はじめに

　2024年1月1日に発生した最大震度7の「能登半島地震」は、石川・富山・新潟の3県を中心に甚大な被害を引き起こしました。亡くなられた方は2月末時点で241人。判明した住宅の被害棟数は石川県内だけで7万5000棟超に及びます。多くの犠牲者に心よりお悔やみ申し上げますとともに、被災された方々がいち早く日常生活を取り戻すことができますように日夜祈り願っています。

　本書は、日経BPの技術系デジタルメディア「日経クロステック」、建築専門誌「日経アーキテクチュア」、土木専門誌「日経コンストラクション」の専門記者約30人が、能登半島地震を徹底取材し、報じてきた記事を1冊にまとめ、緊急出版するものです。地震発生直後に現地で撮影した被害写真を多数掲載。専門家や施設関係者への取材から見えてきた建築・土木の被災メカニズム、生産設備・通信インフラ回復を阻んだ障壁など、建築・土木、IT（情報技術）、自動車・電機といった様々な視点から解説しています。

　地震、火災、津波、土砂災害の複合災害となった能登半島地震は、建築・都市がいつ襲われるかもしれない無数のリスクに取り囲まれている現実を改めて浮き彫りにしました。高齢化、人口減少が進む地域での震災は、時間が経過するにつれ、復旧・復興へ向けたさらなる難題を突き付けています。

　能登半島地震を巡っては、各分野の研究者たちが被災地を調査し、被害の発生原因などの分析を進めています。ただ、それらの正式な調査報告がまとまるのには時間がかかります。本書では、今後の復旧・復興や防災対策の一助になるよう、被害の実像、背景や課題をいち早く伝えることを目指しました。

　地震国日本では、首都直下地震や南海トラフ巨大地震など巨大地震の発生も懸念されています。過去の震災から教訓を導き出し、対策につなげていく不断の努力が欠かせません。建築は衣食住の1つであり、人が生きていくための器です。インフラはその生活を支える基盤です。地震被害を減らしていくには、これらが壊れないようにすることが最も重要です。

　本書の後半では、東日本大震災10年の検証記事など、近年報じた記事を加えました。ここで紹介した取り組みには、災害に強い建築・都市づくりへ向けたヒントが数多く詰め込まれているからです。

　明日起こるかもしれない大地震にどう備えるか。本書をきっかけに、1人でも多くの方が意識を高めていただけることを願っています。

日経BP 日経クロステック建設編集長　佐々木 大輔

CONTENTS

第1章 **フォトルポ** —————————————— 6

記者が見た能登半島地震 ————————————— 8
5分で分かる重要ワード ————————————— 22

第2章 **住宅・建築編** ————————————— 25

震度7の衝撃 ———————————————— 26
地図で見る能登半島地震 ————————————— 28
進まぬ被災地復旧 ———————————————— 30
被害のメカニズム ———————————————— 32

　7階建てビルが横倒しに ●32／輪島朝市、大火で焼失 ●35／
　半島を回り込んだ津波 ●39／重要文化財も倒壊 ●42／
　木造住宅、耐震補強の有無で明暗 ●46／緩斜面が液状化 ●48

免震建物の実力 ———————————————— 52

第3章 **土木編** —————————————————— 56

土木被害の全貌 ———————————————— 58
土木被害マップ ———————————————— 60
構造物別被害 ———————————————— 62

　長大橋 ●62／トンネル ●65／斜面崩壊 ●68／水道 ●70

復旧奮闘記 ———————————————— 73
見えてきた課題 ———————————————— 80

第4章 工場・製造業編 ——————— 85

自動車部品、生産再開を阻む断水 ● 86／村田製作所、工場補修で未稼働も ● 88／
機械・化学系工場、稼働を一時停止 ● 90／南海トラフ地震で半導体工場の震度は？ ● 92

第5章 情報通信編 ——————— 93

停電でも踏ん張った基地局 ● 94／地元通信会社の奮闘 ● 98／
過去の大規模災害と異なる想定外 ● 104

第6章 次の巨大地震に備える ——————— 108

巨大地震202X ——————— 110
検証・日本の地震対策 ——————— 112

被害想定・首都直下地震 ● 112／新耐震基準の住宅に倒壊リスク ● 116／
南海トラフの長周期地震動対策 ● 118／被災後「中に戻って大丈夫？」 ● 120

「壊れない都市」へ ——————— 122
いま巨大地震が起こったら ——————— 130

巨大地震への備えは十分か ● 132／道路橋の地震対策を阻む壁 ● 134／
原型復旧の問題露呈した被災3橋 ● 136／地震で崩れる盛り土 ● 140／
歩み遅い水道耐震化 ● 144／堤防の耐震補強は後回し ● 146／
津波の想定見直しに困惑 ● 148

第7章 東日本大震災10年にみる課題 — 152

写真で見る震災10年 ——————— 156
復興・街づくり編 ——————— 162
復興はまだ終わらない ——————— 172
死角突く建物被害との戦い ——————— 188

フォトルポ

第
1
章

記者が見た能登半島地震 —— 8

5分で分かる重要ワード —— 22

この記事は 日経アーキテクチュア 2024年1月25日号の記事を再構成した

記者が見た 能登半島地震

最大震度7の揺れや津波で壊滅的被害

2024年1月1日午後4時10分ごろ、石川県能登地方を震源とする最大震度7の「令和6年能登半島地震」が発生した。石川県内を中心に多くの木造家屋が倒壊し、鉄筋コンクリート造のビルが転倒して隣家を押しつぶすなど、甚大な建築被害が出た。沿岸部に津波が押し寄せた他、大規模な地震火災が輪島朝市を焼き尽くした。交通網の寸断や断水に苦しむ被災地を、日経アーキテクチュアと日経クロステック、日経コンストラクションが緊急取材した。(能登半島地震共同取材班)

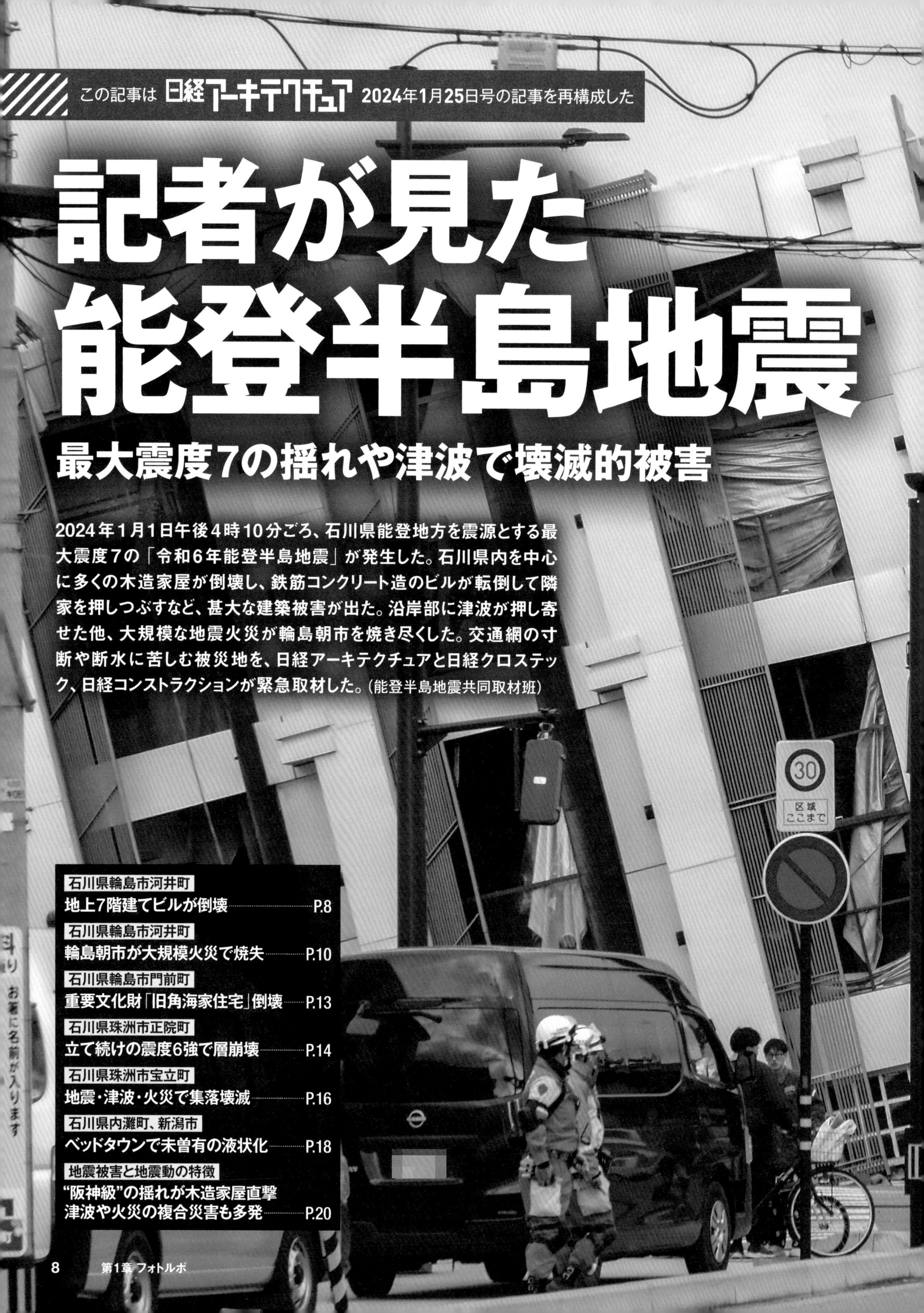

石川県輪島市河井町
地上7階建てビルが倒壊 …………… P.8

石川県輪島市河井町
輪島朝市が大規模火災で焼失 ……… P.10

石川県輪島市門前町
重要文化財「旧角海家住宅」倒壊 …… P.13

石川県珠洲市正院町
立て続けの震度6強で層崩壊 ……… P.14

石川県珠洲市宝立町
地震・津波・火災で集落壊滅 ……… P.16

石川県内灘町、新潟市
ベッドタウンで未曽有の液状化 …… P.18

地震被害と地震動の特徴
"阪神級"の揺れが木造家屋直撃
津波や火災の複合災害も多発 ……… P.20

ビルの上部構造が転倒し、基礎構造が浮き上がった。フーチングには4本から5本の杭の痕跡がある。杭頭を一部飲み込む形でコンクリートを打設したと見られる
（写真：日経アーキテクチュア）

石川県輪島市河井町

地上7階建てビルが倒壊

　震度6強が観測された石川県輪島市の中心市街地。2024年1月5日に現地に入った取材班の目に飛び込んできたのは、道路に向かって横倒しになったビルだ。地上7階建て、鉄筋コンクリート造のこのビルは、ほぼ原形を保ったまま転倒し、付近に立つ木造3階建ての店舗兼住宅を下敷きにした。近隣に被害を生じさせた、極めて異例の事態だ。

　倒壊したビルは東側に向かって横倒しになり、地上に浮き上がってあらわになったフーチングには、杭が引き抜けた痕跡が認められた。ただし、転倒したビルの側面は4階付近まで地面に沈み込んでおり、どのように壊れたかは外観からは判断できない。

　ビルの所有者と見られる地元企業のウェブサイトによると、1972年に建設された。東京大学地震研究所が

2024年1月8日付で公表した調査報告によると、建物の上部構造は耐震補強されていた可能性がある。

　耐震工学が専門の和田章・東京工業大学名誉教授によると、建築分野で杭の耐震性がクローズアップされたのは1978年の宮城県沖地震以降。それまでの杭は、圧縮力を負担する前提の下、上部構造につながっていないのが一般的だったという。

石川県輪島市河井町

輪島朝市が 大規模火災で焼失

　石川県輪島市の中心市街地で、地震から間もなく火災が発生した。延焼は止められず、「朝市通り」の一帯が一夜のうちに焼失した。国土地理院は航空写真に基づき、焼失面積が約4万8000m²に達し、約300棟の建築物が失われたと推定した。

　朝市通りは早朝に露店が居並ぶ有数の観光名所だった。永井豪記念館を目当てに訪れる人も少なくない。

　道路幅は比較的広く取られ、一定の離隔が確保されていた。しかし、通りに面する建物同士は密集して立っていた。現場ではほとんどの木造建築物が灰となり、屋根瓦などの破片が大量に散乱していた。鉄骨造の建物は激しい火熱で大きくゆがんでしまっていた。

　一帯は海に近く、大津波警報で避難が呼びかけられた中での初期消火は困難だった模様だ。地震で倒壊した家屋や電柱によって道路が塞がれたことも、消火活動を困難にした。

　防耐火設計の専門家である桜設計集団の安井昇代表は、「隣り合う建物の窓から窓へ延焼した、あるいは地震で外壁に亀裂が入ったり脱落したりしたところに火の粉や輻射熱が迫ったという延焼プロセスが考えられる」と考察する。

焼失した「朝市通り」（見開き写真）とその一帯。朝市通りの道路幅は決して狭くなかったが、付近の道路は倒壊した家屋や電柱で塞がれていた模様だ。焼失エリアのうち最も海側の区画に立つ2棟の木造住宅（右上の写真）は、外壁が変色し、窓ガラスが熱割れしていたものの焼け残った。2024年1月5日撮影
（写真：日経アーキテクチュア）

石川県輪島市門前町の黒島地区。倒
壊した建物は、国指定重要文化財の
「旧角海家住宅」。あらわになった主屋
の小屋組み（左写真）を見ると、新材を
多く使用していることが分かる
（写真：次ページまで日経アーキテクチュア）

倒壊した家屋が目立つ道下地区のバス通り。同地区は八ケ川の河口付近、南側に位置する。地下水位が高く、地盤が悪いエリアとして知られる

石川県輪島市門前町
重要文化財「旧角海家住宅」倒壊

　能登半島の北西に位置する石川県輪島市門前町。2007年に発生したマグニチュード（M）6.9の能登半島地震では、震源に近かった同町が大きな被害に見舞われた。日本建築学会による当時の悉皆(しっかい)調査では、道下(とうげ)、黒島、門前（総持寺祖院周辺）の3地区の全壊率はそれぞれ39%、26%、25%に上ったほどだ。

　令和6年能登半島地震による被害はどの程度か。取材班が24年1月7日、07年の悉皆調査を担当した金沢大学の村田晶助教と門前町を訪れると、当時と同等の甚大な被害が広がっていた。家屋の倒壊や道路の損傷が最も目立ったのが道下地区。07年の地震後に建て替えたとみられる住宅に目立つ被害は見られな

門前町の中心部、総持寺祖院（写真奥）がある門前地区でも古い家屋が多く倒壊したが、2007年の地震後に建て替えた家屋の被害は軽微だったと見られる。総持寺祖院では回廊の他、戦国武将・前田利家の正室まつを祭る芳春院などが倒壊した

いものの、多くの古い家屋は1階が層崩壊するか、大きく傾いていた。

　北前船の船主らの集落として栄え、現在は重要伝統的建造物群保存地区に選定されている黒島地区では、国指定重要文化財の「旧角海家

住宅」が倒壊するなどの被害が出た。旧角海家住宅は07年の地震で被災した後、腐朽材の交換や壁量の増加、添え柱の設置などで耐震性を確保していた。今後の文化財保存の在り方に影響を与えそうだ。

立て続けの震度6強で層崩壊

石川県珠洲市正院町の様子。倒壊
した家屋が道路を塞いでいた。道路
の奥に見えるのは須受八幡宮
（写真：次ページまで日経アーキテクチュア）

防災科学技術研究所の強震観測網K-NETの地震計が設置されている石川県珠洲市正院町。珠洲市役所から北東へ3kmほどに位置する。最大加速度917ガル（cm／秒²、3成分合成値）を記録したこのエリアでは、震度6強の揺れで古い木造家屋が数多く倒壊し、道路を塞いでいた。

奥能登の住宅は、黒光りする「能登瓦」が特徴だ。倒壊した建物の多くに、重い能登瓦が使用されていた。

2024年1月3日に現地を調査した金沢大学の村田晶助教は、「正院町の建物を100棟程度見て回ったところ、『2000年基準』の建物の被害は軽微に見えた。新耐震基準（1981年）で新築された建物も、倒壊には至っていない印象だ」と語る。

村田助教は古い家屋の被害が大きくなった理由について、「群発地震で何度も揺らされている地域なので、その影響も大きい」と見る。

珠洲市では23年5月の奥能登地震で震度6強の揺れを観測した。取材班が24年1月6日に現地を訪れると、23年の地震を受けて実施した応急危険度判定の張り紙が残っている建物が散見された。高齢世帯が多い正院町では、補強が済んでいない状態で再び大きな揺れに見舞われ、倒壊に至った建物が多そうだ。

右の応急危険度判定の張り紙は、約半年前の2023年5月5日に発生したマグニチュード（M）6.5の奥能登地震の際のもの。下の倒壊家屋の黒い瓦は「能登瓦」と呼ばれる。板張りの壁と共に奥能登の景観を形づくる要素で、正院町で倒壊した住宅の多くに能登瓦が使われていた。釉薬を厚く施し、風や雪への耐性を高めている

石川県珠洲市宝立町
地震・津波・火災で集落壊滅

　2024年1月6日、石川県珠洲市宝立町の鵜飼・春日野地区を訪れた取材班が目の当たりにしたのは、震度6強の地震と最大浸水高4.3mの津波、津波による火災で大きな被害を受けた集落の惨状だった。

　同市の泉谷満寿裕市長は2日、県の災害対策本部員会議で「市内は壊滅的被害。立っている家がほとんどない」と述べたが、同地区に関してはこうした表現がそのまま当てはまるような状況だ。倒壊した家屋によって多くの道路が寸断され、地区内の移動もままならない。

　「誰かいませんか」。令和6年能登半島地震の発生から6日目になっても、至る所で消防などによる捜索活動が行われていた。

　鵜飼・春日野地区には、地震のわずか数分後に津波が到達したと見られている。京都大学防災研究所など

石川県珠洲市宝立町の鵜飼・春日野地区では、生存者の捜索が至る所で行われていた。写真は海岸の近くを走る国道249号の鵜飼交差点付近の様子
（写真：右の２点も日経アーキテクチュア）

海岸から50mほどの位置にある上中ノ釜集会所を海側から撮影した。津波で外壁や窓ガラスなどが流され、躯体だけが残っている

津波で火災が発生し、延焼したエリアには異臭が漂っていた。津波で流されたと見られる自動車や家財道具などが散乱している

の調査によると、同地区の最大浸水高は4.3mに達していた。鵜飼川からの氾濫も見られ、地震で倒壊した家屋や自動車などが漂流物となって道路を埋め尽くしている。海岸の近くには、1階部分の建具が押し流され、躯体だけが残った建物も目立つ。

ベッドタウンで未曽有の液状化

令和6年能登半島地震で最大震度5弱を観測した石川県内灘町。金沢市に隣接し、ベッドタウンとして栄えてきた地域で、目を疑うような地盤被害が発生した。緩い傾斜がついた宅地は道路も含めて大きく波打ち、不同沈下していない建物を探す方が難しい。地盤の液状化による噴砂の痕跡が至る所に見られる。

甚大な被害が生じたエリアは日本海に面した内灘海岸の砂丘と、河北潟の間に位置する。土木学会などが2024年1月9日に開いた被害調査の速報会で、この一帯は砂丘側から河北潟を埋め立てた古くからの干拓地だったことが報告された。「干拓地全域で地盤被害を確認した。緩い傾斜に沿って、地盤の側方変位が生じた可能性がある」(東京大学生産技術研究所の栗間純助教)

24年1月4日に現地を取材したところ、車庫が大きく沈み込み、中の車両が出せなくなっている住宅が見られた。車両が車庫の床と屋根に挟まれ、押しつぶされた例も複数あった。

石川県内に限らず、富山県や新潟県でも液状化被害が発生した。最大震度5強を観測した新潟市では、新潟西郵便局の駐車場が建物に向かって約90cmも陥没し、車両5台を出せなくなっていた。

激しい地盤被害が生じた石川県内灘町の西荒屋地区。道路に面する両側の家屋が傾いた。道路が側面から押されて盛り上がっているように見える。地盤が液状化して側方変位した可能性がある
(写真:左下も池谷 和浩)

鉄筋コンクリート造の車庫が沈み込み、中の自動車を押しつぶした。この通りに面して傾斜地があちこちで崩壊し、住宅が不同沈下していた

新潟市西区の液状化
被害。左は地盤が陥
没した新潟西郵便局
の駐車場。仮復旧作
業が行われていた。
写真奥に砂丘の斜面
が見える

（写真：日経クロステック）

"阪神級"の揺れが木造家屋直撃
津波や火災の複合災害も多発

2024年1月1日午後4時10分ごろに発生したマグニチュード（M）7.6の「令和6年能登半島地震」。能登半島で過去最大級の地震が、元日の列島を震撼させた。県内の死者は2月末時点で241人に上る。

石川県では輪島市や珠洲市などで木造住宅を中心に甚大な被害が出た他、沿岸部には津波が押し寄せた。輪島市では7階建てビルが倒壊。観光名所の朝市通りで大規模火災が発生した。富山県や新潟県でも液状化などによる被害が相次いだ。

気象庁によると、震源は石川県能登地方（輪島の東北東30km付近）、深さは16km。北西一南東方向に圧力軸を持つ逆断層型だ〔図1〕。

石川県では輪島市と志賀町で震度7を、七尾市、珠洲市、穴水町で震度6強を観測した。また、石川県能登で長周期地震動階級4を観測した他、同地域に大津波警報が発表された〔図2〕。1日午後4時から8日午後1時までに、震度1以上の地震が1219回も発生した。

能登地方では3年前から群発地震が続いており、政府の地震調査委員会は以前から「一連の活動には、流体の移動が関与している可能性がある」としていた。今回の地震についても、地下の流体（水）の移動を原因と見る専門家が多い。同委員会は1

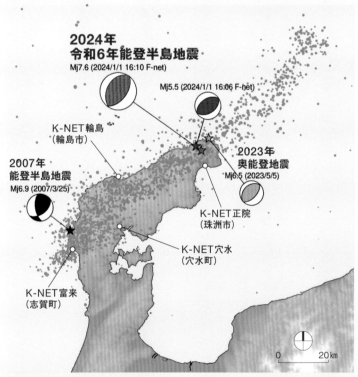

〔図1〕能登半島で最大級の地震
北東から南西にかけて、能登半島を横断するように余震活動が続いている。政府の地震調査委員会は震源断層について、北東一南西に延びる150km程度の主に南東傾斜の逆断層と推定している（資料：京都大学防災研究所の後藤浩之准教授の資料に日経アーキテクチュアが加筆）

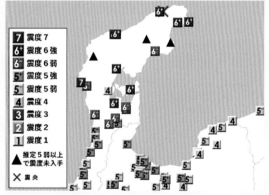

〔図2〕志賀町で最大震度7を観測
気象庁が2024年1月1日午後4時24分に発表した各観測点の震度。石川県志賀町で震度7を観測した他、北海道から九州地方にかけて震度1～6強を観測した同庁は1月25日、輪島市でも震度7を観測していたと発表した（資料：気象庁）

〔図3〕石川県内の死者・行方不明者

	死者	行方不明者
七尾市	5	
輪島市	102	確認中
珠洲市	103	
羽咋市	1	
志賀町	2	
穴水町	20	
能登町	8	
合計	241	—

石川県内の2024年2月末時点の人的被害
（資料：石川県の資料を基に日経アーキテクチュアが作成）

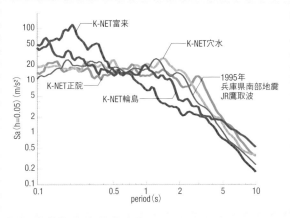

〔図4〕**主な観測点の加速度応答スペクトル**
最大加速度は防災科学技術研究所のK-NET富来の2828ガル（cm／秒²、3成分合成値）。これについて京都大学防災研究所の後藤浩之教授は「0.3秒以下の短周期成分が卓越した地震動であるため、構造物に非常に大きな影響があったとは考えにくい」としつつ、「斜面災害などは強い加速度に影響される場合があり、被害状況を慎重に確認する必要がある」とする
（資料：京都大学防災研究所の後藤浩之教授の資料を基に日経アーキテクチュアが作成）

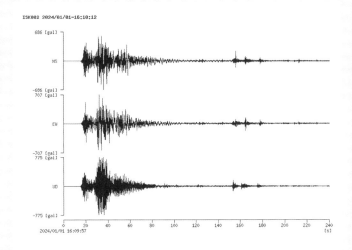

〔図5〕**K-NET正院の強震動波形**
石川県珠洲市正院町では大きな揺れが長く続き、多くの木造住宅などが倒壊した
（資料：防災科学技術研究所）

月2日、「一連の地震活動は当分続くと考えられる」との見解を発表した。

直接死は熊本地震の約4倍

石川県によると、県内の死者は2月末時点で241人（うち災害関連死は15人）。直接死は16年に起こった熊本地震の50人の約4倍に上る。珠洲市の103人、輪島市の102人、穴水町の20人の順に多い〔図3〕。

これらのエリアを中心に、県内では木造住宅などが甚大な被害を受けた。死者の多くは家屋の倒壊によると見られる。ただし、発災10日を過ぎても調査は進んでおらず、建物被害の全容が明らかになるのはもう少し先になりそうだ〔写真1〕。

応用地質は1月9日、住宅建物の直接被害額が約800億～1590億円に上るとの推定結果を発表した。過去の地震の地震動強さと全壊率の関係から、住宅の全壊棟数は熊本地震の25～50％程度に当たる2200～4500棟と推定している。

防災科学技術研究所の強震記録などを分析した京都大学防災研究所の後藤浩之教授は、「複数の地点（輪島、正院、穴水）で、兵庫県南部地震（阪神大震災）におけるJR鷹取波と特徴が似た強い地震動が観測されていることから、広い範囲でこのような強い揺れに見舞われた可能性がある」と指摘する〔図4、5〕。

少なくとも120ヘクタール浸水

津波による被害も大きかった。国土交通省による1月5日午前6時時点の速報値によると、浸水面積は少なくとも120ヘクタールに上る。

珠洲市には地震発生後すぐに津波の第1波が到達したようだ。ただし、気象庁の津波観測地点「珠洲市長橋」で地盤が隆起して海底が露出。地震直後からデータが欠測する

〔写真1〕**被害の把握は進まず**
石川県穴水町内の応急危険度判定の様子。2024年1月6日に撮影した。輪島市では10日に判定が始まった（写真：日経アーキテクチュア）

など、津波観測に課題を残した。

京都大学防災研究所などの調査によると、珠洲市宝立町鵜飼・春日野地区の最大浸水高は4.3m、志賀町赤崎・鹿頭地区では同5.1mに達した。鵜飼・春日野地区では津波火災が発生し、被害が拡大した。

東北大学災害科学国際研究所の今村文彦教授は1月9日の速報会で「揺れと共に津波が発生し、最大波が遅れ、継続時間が長かった。津波避難には厳しい状況だった」と指摘した。

❶ 新耐震基準と旧耐震基準
1981年に構造設計が大転換

旧耐震基準（1981年5月まで）の チェック部分

「中規模の地震動でほとんど損傷しない」ことの検証を行う

建築物の存在期間中に数度遭遇することを考慮すべきまれに発生する地震動に対してほとんど損傷が生ずる恐れのないこと

力を除くと（地震後）元の状態に戻る

新耐震基準（1981年6月以降）のチェック部分

「大規模の地震動で倒壊・崩壊しない」ことの検証を行う（左に加えて）

建築物の存在期間中に1度は遭遇することを考慮すべき極めてまれに発生する地震動に対して倒壊・崩壊の恐れのないこと

力を除いても損傷（変形）は残る

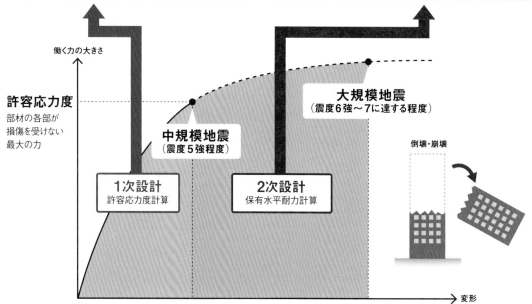

働く力の大きさ

許容応力度
部材の各部が損傷を受けない最大の力

中規模地震
（震度5強程度）

大規模地震
（震度6強〜7に達する程度）

倒壊・崩壊

1次設計
許容応力度計算

2次設計
保有水平耐力計算

変形

　1981年の建築基準法の法令改正で導入された「新耐震基準」は、建築物の構造体に粘りを持たせ、変形に対応させたのが特徴。また、構造設計を1次設計と2次設計の2段階方式で進める点が、それ以前の「旧耐震基準」と大きく異なる。

　旧耐震基準のチェック部分に相当する1次設計では、比較的頻度の高い震度5強程度までの中規模地震に対して建物に被害がほとんど生じないことを目標にする。地震動で建物が変形しても、地震後には元の状態に戻るような耐震性能だ。

　次の段階の2次設計では、震度6強〜7に達する規模の阪神・淡路大震災クラスの大地震に対しても、建築物に重大な損傷が無く、崩壊しないことが目標。各階の層間変形角（ある層の層間変位をその層の高さで除した値で、その層の柱の傾斜角を表す）などを検討する。地震後、建物に損傷は残るものの、倒壊や崩壊はせずに建物内の人命を守れるようにする。

❷ 木造住宅の「2000年基準」
阪神大震災受け木造の接合部を強化

　1995年の阪神・淡路大震災による建物の被災状況を踏まえ、2000年には木造住宅の耐震性に大きく影響を与える建築基準法の法令改正があった。木造住宅に関する仕様規定が大幅に強化され、「2000年基準」とも呼ばれる。

　その代表例が継ぎ手・仕口の接合方法だ。継ぎ手・仕口は、それまでも建築基準法施行令に規定があった。しかし、どのような部位にどのような方法で緊結するのかを具体的に定めていない、いわば「あいまいな」規定だった。2000年基準では、そうした規定を主に告示で強化した。具体的に規定された部位は、筋かいの端部、軸組の柱脚と柱頭の仕口。構造計算か例示仕様のどちらかによる方法を選べる形だ。例示仕様では、例えば筋かいの仕様に合わせてクギやかすがい、接合金物など

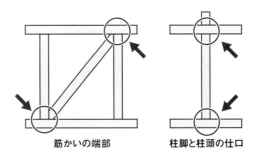

筋かいの端部　　　　　柱脚と柱頭の仕口

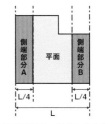

AとBの壁量のつり合いをよくする

を使った接合方法を決める。

　2000年基準では、耐力壁の配置方法も明確化した。軸組（耐力壁）については建築基準法施行令で「つり合いよく配置しなければならない」と示されていたものの、改正前はその「つり合いのよさ」を確

認する方法を規定していなかったからだ。つり合いのよさを確認する2種類の方法を定めた。1つは構造計算によって偏心率が0.3以下であることを確認する方法。もう1つが簡単な計算で側端部分の壁量のつり合いをチェックする方法だ。

❸ 液状化
地中の水圧が上昇

　地下水位の高い、緩い砂の地盤が地震で揺すられた場合、地中の水圧が上がり、ついには砂が水の中に浮いた状態になる。「液状化」は、そのように砂層に振動が加わり、その力の作用で砂質土が液体状になる現象だ。2011年の東日本大震災では、東京湾沿岸の埋立地を中心に大きな被害が生じた。

　液状化が起こると、地盤が建物を支えきれなくなり、建物は沈下。マンホールなどの地中の設備が浮き上がる。その後、浮遊状態にあった砂は沈殿し、地表に水が噴き出す。さらに水が抜けた分の地盤が沈下。傾斜地では液状化した地盤が流出し、地盤自体が失われることもある。

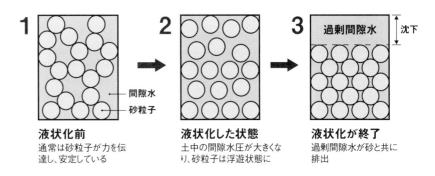

液状化前
通常は砂粒子が力を伝達し、安定している

液状化した状態
土中の間隙水圧が大きくなり、砂粒子は浮遊状態に

液状化が終了
過剰間隙水が砂と共に排出

４ 耐震等級
等級数が大きいほど地震力に強い

「耐震等級」は、地震の力に対する構造躯体の倒壊や崩壊のしにくさなどを数字で示したもの。等級数が大きいほど地震による力に強い建物であることを表す。

2000年に施行した「住宅の品質確保の促進等に関する法律」に規定する日本住宅性能表示基準によって分類。等級数は1から3までの3段階で評価する。制度が始まった2000年10月には新築住宅だけを対象としていたが、2002年12月に既存住宅を対象とする制度も始まった。

耐震等級1の耐震性能は、「100年に1度といった極めてまれに発生する地震による力に対して倒壊や崩壊しない。さらに、数十年に1度程度の地震による力に対しては、構造躯体に損傷を与えない性能」とされている。これは、建築基準法で

	地震に対する性能
耐震等級3	**建築基準法の1.5倍の建物の強さ** 100年に1度といった極めてまれに発生する地震による力の1.5倍の力に対して倒壊や崩壊しない。さらに、数十年に1度程度の地震による力の1.5倍の力に対しては、構造躯体に損傷を与えない性能
耐震等級2	**建築基準法の1.25倍の建物の強さ** 100年に1度といった極めてまれに発生する地震による力の1.25倍の力に対して倒壊や崩壊しない。さらに、数十年に1度程度の地震による力の1.25倍の力に対しては、構造躯体に損傷を与えない性能
耐震等級1	**建築基準法レベルの建物の強さ** 100年に1度といった極めてまれに発生する地震による力に対して倒壊や崩壊しない。さらに、数十年に1度程度の地震による力に対しては、構造躯体に損傷を与えない性能

求められるレベルの耐震性能だ。等級2の耐震性能は建築基準法レベルの1.25倍、等級3は1.5倍に相当する。

逆に言えば、新築の場合、最低限の耐震性能として耐震等級1と同等の性能が建築基準法で定められていることになる。

また、長期優良住宅や住宅金融支援機構の住宅ローン「フラット35S」などの住宅仕様では、耐震等級2と同等の耐震性能が求められる。

５ 地震動の周期
周期1〜2秒だと木造住宅に被害大

地震が起こるといろいろな周期を持つ揺れ（地震動）が生じる。建物にはそれぞれ揺れやすい固有周期があり、これが「地震動の周期」と一致すると共振して建物が大きく揺れる。一般に、建物の固有周期は高さによって異なり、高いほど固有周期は長い。同じ地震動でも高さによって建物の揺れ方が異なる。

例えば、木造住宅を倒壊させる周期は1〜2秒あたりだとされている。つまり、1〜2秒の周期が卓越するほど、木造住宅が被害を受けやすい地震動だといえる。熊本地震や1995年の阪神・淡路大震災では、そうした短周期が卓越した地震動が観測された。一方で、高層ビルは固有周期が比較的、長いので、より長周期の地震動と共振しやすい。共振すると長時間にわたり大きく揺れるのも特徴だ。

長周期地震動は、減衰しにくいので遠くまで伝わる。注目されたのは2003年に

短周期の地震動

発生した十勝沖地震。震源から遠く離れた場所の石油タンクが大きな被害を受けた。東日本大震災でも震源から約700km離れた大阪市の高層ビルが大きく揺らされ、内装材の破損やエレベーター停止による閉じ込め事故が生じた。

長周期地震動による揺れの大きさは通

長周期地震動

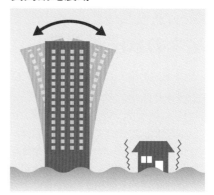

常の震度で判断できないため、「長周期地震動階級」で示す。固有周期が1.5〜8秒程度の高層ビルを対象に、地震時における人の行動の困難さや、家具の移動、転倒などの被害の程度を示す指標だ。揺れの大きさを、小さい順に階級1から4までの4段階に区分している。

第2章

震度7の衝撃 —————————— 26

地図で見る能登半島地震 — 28

進まぬ被災地復旧 ————— 30

被害のメカニズム ———————— 32

　7階建てビルが横倒しに ————— 32

　輪島朝市、大火で焼失 ————— 35

　半島を回り込んだ津波 ————— 39

　重要文化財も倒壊 ————— 42

　木造住宅、耐震補強の有無で明暗 — 46

　緩斜面が液状化 ————— 48

免震建物の実力 ————— 52

住宅・
建築編

この記事は **日経アーキテクチュア** 2024年2月8日号の記事を再構成した

震度7の衝撃

日本海側最大級の地震がもたらした複合災害の実相

新たな1年の訪れを祝う列島を震撼させた、マグニチュード7.6の能登半島地震。石川県の志賀町や輪島市で最大震度7を観測し、県内の死者は230人を超えた。日本海側で最大級とも評される地震によって、古い家屋は軒並み倒壊し、津波や大規模火災が奥能登を蹂躙した。なぜ被害は拡大したのか。そのメカニズムに迫りつつ、次に来る巨大地震への教訓を探る。(能登半島地震共同取材班)

石川県珠洲市宝立町鵜飼地区では、多くの古い家屋が倒壊し、沿岸部に津波が到達。火災も発生した（写真：日経アーキテクチュア）

地図で見る能登半島地震
石川県内で住宅被害は4万棟超 ⋯⋯⋯⋯ P.28

進まぬ被災地復旧
道路寸断や断水が復旧足かせに ⋯⋯⋯⋯ P.30

中層ビルの被害
**7階建てビルが横倒しに
専門家が推理する転倒メカニズム** ⋯⋯⋯⋯ P.32

地震火災
**輪島朝市の大火で5万㎡焼失
大津波警報下で延焼止められず** ⋯⋯⋯⋯ P.35

津波被害
**能登半島を回り込み到達した津波
屈折や反射を繰り返し巨大化** ⋯⋯⋯⋯ P.39

文化財建築物の被害
**耐震補強した重要文化財も倒壊
石川県で50件超の被害** ⋯⋯⋯⋯ P.42

木造住宅の被害
**耐震補強の有無で明暗
23年奥能登地震後と比較** ⋯⋯⋯⋯ P.46

地盤被害
**内灘砂丘背後の緩斜面が液状化
側方流動で住宅地の被害拡大** ⋯⋯⋯⋯ P.48

免震建物の実力
**「発災直後でも医療を止めない」
震度6強に耐えた免震病院** ⋯⋯⋯⋯ P.52

2024年1月1日午後4時10分ごろに発生した能登半島地震の推計震度分布。気象庁は当初、志賀町で最大震度7を観測したと発表していたが、輪島市門前町走出でも震度7を観測していたと1月25日に修正した（資料：気象庁）

✕	震央
■	震度7
■	震度6強
■	震度6弱
▨	震度5強
□	震度5弱
□	震度4

地図で見る能登半島地震
石川県内で住宅被害は4万棟超

❶中心市街地で大規模火災

❷中心市街地でビル倒壊

❸重要文化財「旧角海家住宅」が倒壊

国道249号沿岸部で大規模土砂崩れが多数発生

2024年1月1日
午後4時10分
M7.6／最大震度7

2023年5月5日
奥能登地震
M6.5／最大震度6強

❹ 珠洲市

❺

❻ 飯田港周辺で浸水深が2.5m以上に及ぶ

名勝「見附島」が崩落

高さ4.7mの津波が到達

❼滑走路がひび割れ

能登町

能登空港

❼

穴水駅
穴水町

複数住宅が土砂災害に巻き込まれる

地盤が隆起し、海岸線が沖方向に前進

2007年3月25日能登半島地震
M6.9／最大震度6強

輪島市

❸

志賀町

志賀原子力発電所

変圧器などの一部設備に被害

断水被害が甚大

和倉温泉駅

❽ 七尾駅

七尾市

中能登町

❿金沢市田上新町で宅地の斜面が崩壊

石川県

死者数	負傷者数	住宅被害数
236人	1178人	4万2416棟

❾液状化などで住宅1000棟以上が損傷

羽咋駅
羽咋市

宝達志水町

氷見駅

JR氷見線

富山湾

黒部宇奈月温泉駅

全壊した住宅が集中

❶小矢部市を走る国道359号が崩落

のと里山海道

JR七尾線

かほく市

津幡町

内灘町

❾ 津幡駅

IRいしかわ鉄道線

金沢市

❿ ⓫

金沢駅

新高岡駅

JR城端線

富山駅

JR高山本線

北陸新幹線

クロスランドタワーで10トン超が漏水

富山県

負傷者数	住宅被害数
47人	5242棟

2024年能登半島地震は、23年奥能登地震にほど近い場所で発生した。
地震の揺れによる損壊、大火災や津波、液状化などで、石川県の住宅被害は4万棟を超えた。
応急危険度判定で「危険」と判定された建物の割合は、過去の大地震をしのぐ。

0　　　　10km

活断層

❹国道249号の大谷トンネルで覆エコンクリートが崩落

● 石川県の応急危険度判定

✕ 危険	1万2615棟
❗ 要注意	8790棟
⭕ 調査済み	1万195棟

危険と判定された建物の割合は39.9%。2011年の東日本大震災（約12%）や16年の熊本地震（約27%）を超える

2024年1月1日に発生した地震による主な被害の状況。地震のマグニチュードや発生時刻、震度、震央の位置は気象庁、死者数や負傷者数、住宅被害数は石川県（24年1月26日午後2時点）、富山県、新潟県（以上、同日午後1時点）、断層の位置は産業技術総合研究所のウェブサイトなどを基に作成した
（写真:日経アーキテクチュア、4は国土交通省、6、12は日経コンストラクション、9は池谷和浩、11は富山県道路課維持係）

⑫新潟市西区周辺で液状化被害

❺正院町で多くの木造家屋が倒壊

高さ5.8mまで津波が遡上

北陸自動車道

新潟県

負傷者数	住宅被害数
49人	9929棟

❻鵜飼漁港付近で津波の浸水被害

避難者は1万人弱に

	人的被害（人）			避難者（人）	住宅被害（棟）		
	死者	負傷者			全壊	半壊	一部破損
		重傷	軽傷				
金沢市			9	27		3626	
七尾市	5		3	1256		1万2	
小松市			1			27	1502
輪島市	101	213	303	3289		1744	
珠洲市	99	47	202	1757		4645	
加賀市					6	16	1026
羽咋市	1		6	48		1788	
かほく市				20		1009	
白山市			2				167
能美市					1	7	744
野々市市			1				15
川北町							6
津幡町			1	15		1135	
内灘町		1		89		1363	
志賀町	2	7	88	1053		4235	
宝達志水町				23		755	
中能登町		1	1	39		1892	
穴水町	20	32	225	1095		1694	
能登町	8	10	25	1068		5000	
合計	236	311	867	9779		4万2405	

能登半島地震による石川県内の被害状況。数字は2024年1月26日午後2時点。避難者数は徐々に減少している。輪島市や珠洲市は調査中で、住宅被害数は今後も増える見通し
（資料:石川県の資料を基に日経アーキテクチュアが作成）

❽和倉温泉などの観光地に大打撃

道路寸断や断水が復旧足かせに

能登半島地震の被災地では復旧が遅れ、被災者の生活に大きな影響を与えている。復旧の足かせになっているのがインフラ被害だ。地震によって道路が各所で寸断し、孤立する地区も相次いだ。石川県内では最大9.5万戸で断水が発生。広範囲で長期化する様相だ。地震発生時からの初動対応を図にまとめた。

2024年1月1日
午後4時10分ごろ
地震発生

- 輪島市の中心市街地で**大規模火災が発生**
- 奥能登地方の沿岸部などに**津波が襲来**
- 珠洲市や輪島市などを中心に石川県内で**3万戸超が停電**
- NTTドコモ、KDDI、ソフトバンク、楽天モバイルの携帯大手4社で**通信障害**
- 北陸自動車道や国道249号など各所で通行止めが発生
- 北陸新幹線や上越新幹線の一部区間で運転見合わせ

2日
- 北陸新幹線と上越新幹線の全線で運転再開
- 気象庁が津波注意報を全て解除
- 石川県で少なくとも3万人以上が避難
- 羽田空港で日本航空（JAL）と海上保安庁の**航空機が衝突**

3日
- 石川、富山、新潟の3県で**断水が11万戸超**に
- 気象庁が輪島市などに大雨警報を発表

4日

6日
- 文部科学省が276の学校や施設、国宝や重要文化財など計20件の被害を発表
- 石川県と国交省北陸地方整備局が能登地方への一般車両の**移動控えを呼びかけ**
- 「応急危険度判定」を開始

- 政府が石川県に「被災者生活再建支援法」を適用。後に、新潟県、富山県の一部にも適用

- 石川県が金沢市の「いしかわ総合スポーツセンター」に「1.5次避難所」を開設
- 石川県内で**1万7000戸の停電**が続く

地震発生から1週間

8日

9日
- 石川県内で確認された死者が**200人超**に

11日
- 政府が能登半島地震を「激甚災害」と「特定非常災害」に指定

12日
- 石川県が輪島市と珠洲市で**仮設住宅115戸を着工**

地震発生から2週間

15日
- 能登町と穴水町で仮設住宅81戸を着工
- 主要な幹線道路の約9割で緊急復旧完了

16日
- 政府は2024年度予算を異例の変更、復旧・復興費に充てるため**一般予備費を1兆円へ倍増**

18日
- 立ち入りが難しい一部地域を除いて応急復旧工事がおおむね完了したと携帯大手4社が発表

19日
- 能登半島地震を「非常災害」に指定
- 輪島市で「り災証明書」の受け付け開始

docomo 小林宏 常務執行役員 ネットワーク本部長
KDDI 山本和弘 執行役員技術統括本部 副統括本部長 兼エンジニアリング推進本部長
SoftBank 関和智弘 常務執行役員 兼CNO
Rakuten 竹下紘 執行役員 兼CTO 楽天モバイルネットワーク本部長

（資料：内閣府や国土交通省、気象庁、石川県などの資料を基に日経アーキテクチュアが作成、写真：NTTドコモ、KDDI、ソフトバンク、楽天モバイルが1月18日に開催した記者会見配信をキャプチャー）

24時間体制で道路を復旧

●1月2日午後9時30分時点

●1月10日午前10時時点

●1月18日午前7時時点

市役所などへの通行確保

緊急復旧約8割

緊急復旧約9割

地震発生から復旧が進む道路の状況。珠洲市と輪島市、能登町、穴水町へのアクセスが可能なルートを示した。地震発生から1週間ほどで主要な幹線道路の緊急復旧をほぼ終え、その後は一般道などの復旧も始まった（資料：国土交通省の資料を基に日経アーキテクチュアが作成）

ほぼ全域で断水続く地域も

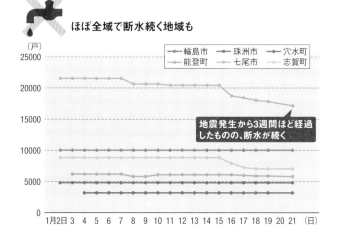

地震発生から3週間ほど経過したものの、断水が続く

2024年1月2日から同月21日までの石川県内の断水状況。被害が大きかった珠洲市や輪島市、能登町、穴水町、七尾市、志賀町を示した。数万戸単位の断水が続いている（資料：右と下も石川県の資料を基に日経アーキテクチュアが作成）

一部地域で大規模停電が継続

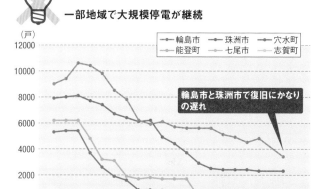

輪島市と珠洲市で復旧にかなりの遅れ

2024年1月2日から同月21日までの石川県内の停電状況。被害が大きかった珠洲市や輪島市など6市町を示した。電柱の損傷や電線の断線が、停電の長期化につながっている

調査が進むにつれて増え続ける住宅被害数

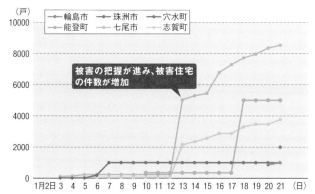

被害の把握が進み、被害住宅の件数が増加

2024年1月2日から同月21日までの石川県内の住宅被害状況。被害が大きかった七尾市や能登町など6市町を示した。道路寸断などにより、輪島市や珠洲市は実態把握にも時間を要している

応急危険度判定の「赤紙」が張られる
能登半島地震を受けて実施した応急危険度判定で「危険」と判定された建物。場所は石川県七尾市。建物に張られた赤い紙が写真中央に見える
（写真：日経アーキテクチュア）

【写真1】基礎底面があらわに
基礎底面のアップ。基礎梁が折れ、鉄筋が露出していた。フーチングの裏側には丸い杭の痕跡がある。1つのフーチングに4〜5本の杭があったと見られる。杭自体は目視で確認できなかった。2024年1月5日撮影
（写真：34ページまで特記以外は池谷 和浩）

中層ビルの被害

7階建てビルが横倒しに
専門家が推理する転倒メカニズム

「阪神大震災でも起こらなかった被害だ」。2024年能登半島地震で発生した7階建てビル転倒被害について、調査した専門家は緊張した面持ちで語る。付近では杭の破損が原因と見られるビルの不同沈下も複数出た。

最大震度7を観測した石川県輪島市。輪島港に近い河井町で、鉄筋コンクリート（RC）造ビルの転倒被害が起こった。ビルは3階建て木造店舗兼住宅を押し潰し、2人が死亡した。緊迫した救助活動の様子は連日報道され、社会に衝撃を与えた。

建物の登記記録によると、転倒したビルは1973年4月に新築され、76年に増築されたとある。用途は店舗、作業所、住宅。新築時点ではRC造の地下1階・地上7階建てで、増築部分が鉄骨造だったと見られる。増築後の面積は地下52.82m²、1階240.95m²などとなっており、延べ面積は1732.88m²だ。

所有者は輪島塗の老舗、五島屋。同社のウェブサイトには「地下は現在埋設」との記載がある。

転倒したのは当初完成したと見られるRC造部分だ。上部構造はほぼ形状を保ったまま、4階まで一部が地面にめり込む形で横倒しになった。

[写真2]**国道沿いのビルが転倒**
上空から見た転倒したビル。東側へ横倒しになった。壁面に亀裂が走り、ややゆがんでいるように見えるが、ほぼ形状を保っている。東西方向に国道249号、南北方向に錦川通りが走る。2024年1月2日撮影（写真：国際航業、パスコ）

[写真3]**3階建ての木造建築物を押し潰した**
錦川通りから転倒したビルの上階側を見る。押し潰されたのは木造3階建ての店舗兼住宅で、内部に取り残された人の救出活動が行われたが、生命は救えなかった

建物の奥行き側にある増築部分はちぎれたように残っていた〔写真1〜4〕。

フーチングに杭抜けた痕跡

2024年1月6日に輪島市近郊のRC造被害を調査した東京大学地震研究所の楠浩一教授（災害科学系研究部門）は、こう語る。

「1995年の阪神大震災では、道路上にビルが横倒しに転倒した例がある。だがこれは揺れで道路側へ大きく傾斜し、重力の働きや余震で最終的に転倒した、という壊れ方だった。早期に近隣を封鎖したので人的被害は出なかった。地震ですぐに転倒し、近隣の住宅を巻き込んで死者まで出したという被害は、私が知る限り国内では初めてだ」

転倒メカニズムは明らかではないが、正面から見て左側（西側）の杭が引き抜け、右側の下部構造に過大な圧縮力がかかって壊れ、転倒したように考えられる。楠教授は、地下室

[写真4]**地面にめり込む形で転倒**
交差点越しに転倒したビルを見る。4階付近まで地面にめり込んでいる。写真右端の支保工は救出活動の際に差し込まれたものだ

[図1]**ビル転倒はなぜ起こった?**

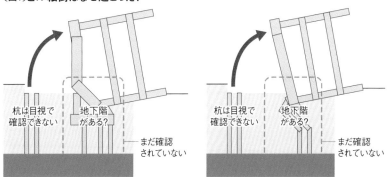

東京大学地震研究所の楠浩一教授による転倒メカニズムの仮説。杭に載った地下室が崩壊した、あるいは地面を掘り下げる形で設置した地下室側で杭が折れた、などが考えられるとする
（資料：東京大学地震研究所の資料を基に日経アーキテクチュアが作成）

〔写真5〕大きく傾斜したビルも
輪島市河井町で不同沈下を起こしたビル。北（左写真の右側）に向かって地面に盛り込んでいる。北面では屋外階段とその壁が崩れて近隣に落下した（上写真）。東大地震研の調査速報によると、傾斜は1000分の56に達していた。登記によると、1977年8月に新築されたRC造の地上7階建てだ（写真：左は日経アーキテクチュア）

〔写真6〕耐震改修した学校も傾斜
背面から見た輪島市立河井小学校。耐震改修済みで、避難所として機能していた。不同沈下を起こしており、杭が破損した可能性がある

〔写真7〕柱が折れたRC建築物も
輪島市三井町の病院建築の被害。前面道路側の柱が折れ、建物が傾斜している。こうした上部構造の被害も確認できた
（写真：日経アーキテクチュア）

の構造が杭に載っていた場合、地下室が杭に載っていなかった場合の2つの壊れ方が考えられるとする〔図1〕。

建設当時は一般的な工法

転倒したビルが完成した時点では、まだ杭基礎の耐震性はあまり考慮されていなかった。杭基礎の耐震性が問題化したのは78年に発生した宮城県沖地震以降だからだ。

浮き上がったフーチングの底面を見ると、杭の痕跡である丸いくぼみには型枠材の切れ端のようなものが残っていた。使われていた杭は細い中空円筒状の既成杭で、杭頭は基礎梁につながっていなかったと見られる。型枠材の切れ端はフーチングのコンクリートを打設する際、杭頭を塞ぐことで杭の中にコンクリートが流れ込むことを防止する、当時としては一般的な工法の痕跡だと楠教授は考察する。

「このケースで人的被害が出た点を特に重く受け止めている。下部構造を掘り出す詳細な調査を期待したい。現在の新築計画でも杭の二次設計が行われる例はあまりない。今回発生した事態を貴重な知見とする必要がある」（楠教授）

杭が隠れた被害となった例も

輪島市内ではこのほか、RC造の被害を複数確認できた〔写真5〜7〕。特に杭の破損が原因とみられる不同沈下が複数発生している。

上部構造が倒壊・崩壊しないまでも、杭が破損した例は過去にも多数発生している。楠教授によると、2016年の熊本地震では杭が破損しても上部構造が不同沈下せず、隠れた被害となっていた例もあった。今回も同様の被害が懸念される。

〔写真1〕徹底的に焼き尽くされた
地震直後の出火点と見られる付近の様子。奥に見える赤い橋はいろは橋だ。可燃物はほぼ燃え尽きて灰となり、金属屋根や自動車の残骸が残された。火災が起こった一帯では一斉捜索が行われ、住民のものと見られる人骨も見つかっている。2024年1月5日撮影（写真：38ページまで特記以外は日経アーキテクチュア）

地震火災

輪島朝市の大火で5万㎡焼失
大津波警報下で延焼止められず

最大震度7が観測された石川県輪島市では、輪島港近くの観光名所「朝市通り」の一帯が広く焼失した。地震の影響で消火栓が使えなくなるなど消防水利が十分に確保されず、延焼を食い止められなかった。

この火は止められないのではないか——。防災の専門家である東京理科大学の関澤愛名誉教授は、地震

後の石川県輪島市で発生した火災の空撮映像をテレビ報道で目にした際、深い憂慮の念を抱いたという。

激しい揺れの後、ほどなく現場は日没を迎え、暗がりの中で火炎は勢いを増していった。

国土交通省国土技術政策総合研究所（国総研）と建築研究所（建研）による調査速報によると、この輪島市で起こった大火による焼失範囲は計

約5万㎡。約300棟の建物が失われたと見られている。輪島市の観光名所、露店が並ぶ「朝市通り」を中心とした繁華街が失われた。

地震発生直後、2024年1月1日午後4時台に朝市通りの南西の位置で出火。古い木造が多い密集市街地に燃え広がった。延焼がおおむね止まったのは翌1月2日午前3時過ぎだった。出火原因は不明だが、これ

35

〔写真2〕非木造建築物も全焼
1 観光スポット「朝市通り」に面して立っていた輪島市立永井豪記念館が、全焼した。防火性が高い部屋があり、直筆原稿などの収蔵品は無事だったという **2** 鉄筋コンクリート（RC）造の土産物店は、壁面に火災の痕跡を色濃く残していた **3** 土産物店1階のRC造柱が崩壊していた。地震の揺れによる破壊なのか、火熱による爆裂現象なのかは不明だ（写真：**1**と**2**は池谷和浩）

〔写真3〕約300棟が焼失
2024年1月2日に撮影された航空写真で見た大規模火災が起こったエリア。国土交通省国土技術政策総合研究所と建築研究所による調査速報によると、焼失面積は5万m²に達し、約300棟の建物が失われた（写真：国際航業、パスコ）

は地震の影響で延焼が拡大した「地震火災」だ。1995年の阪神大震災における神戸市の大火災と同様の事態が再び起こった。

延焼速度は緩やかだったが…

輪島朝市周辺の被害は甚大だ。取材班が現地に到着した1月5日、まだ現場には煙がくすぶっていた。出火地点付近と見られる一帯は焼けた金属類が散乱していた〔写真1～3〕。

国総研と建研による速報は、気象庁の気象観測網「アメダス」に基づき、1月1日午後4時10分の時点で、この一帯では平均風速1.3m／秒の北寄りの風が吹いていた、と記している。「微風」と言ってよい風だ。風向きはその後変わったものの、消し炭が飛んでいた距離から見て「比較的緩やかな南寄りの風が吹いていたものと推測される」としている。

2016年12月に新潟県糸魚川市で発生した大火災では、火が強風にあおられたことで延焼が進んだ。それとは異なり、輪島市では延焼がかなりゆっくりした速度で進んだ。速報は延焼速度について「時速20mから40mで、弱風時の地震火災である阪神大震災における市街地火災と同程度だった」としている〔図1〕。

今回の火災では、消火活動に大きな困難が立ちはだかっていた。日本火災学会が24年1月12日付で公表した速報は、住民にヒアリングした結果として、当時の状況をこう記す。「消火栓：使えず。防火水槽：一部が使えたが、一部は道が電柱でふさがれて使えず。自然水利：川の水は困難であった、北側で海水は使えた」

〔図1〕「燃え止まり」の状況を見る

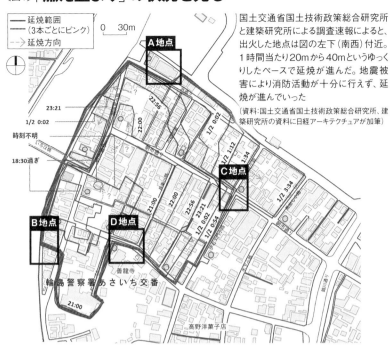

凡例:
- 延焼範囲
- （3本ごとにピンク）
- 延焼方向

0　30m

A地点
23:21
1/2 0:02
時刻不明
18:30過ぎ
22:56
22:00
1/2 0:02
1/2 1:12
1/2 3:34
C地点
1/2 3:34
21:00
22:00
22:56
23:21
1/2 0:02
B地点
D地点
1/2 0:54
輪島警察署あさいち交番
善龍寺
21:00
高野洋菓子店

国土交通省国土技術政策総合研究所と建築研究所による調査速報によると、出火した地点は図の左下（南西）付近。1時間当たり20mから40mというゆっくりしたペースで延焼が進んだ。地震被害により消防活動が十分に行えず、延焼が進んでいった

（資料:国土交通省国土技術政策総合研究所、建築研究所の資料に日経アーキテクチュアが加筆）

A地点 燃え残った築浅の木造住宅

幅員約9mの道路を隔てて立っていた2棟の木造住宅が燃え残った（上）。火熱で窓ガラスが割れ、外壁が変色していた。自転車の駐輪カバーが溶けており、火熱の強さが相当のものだったことが分かる（下）（写真:上は池谷和浩）

B地点 川沿いは車両が通行できず

出火した付近の南側に当たる河原田川付近。鉄骨造3階建ての建物が延焼したが、隣の木造住宅は残っている（上）。川沿いの道路は路盤が割れ、家屋が倒壊して通れなくなっていた（下）

C地点 外壁が落ちていたが延焼せず

1月2日午前0時過ぎに延焼が止まった路地。燃え残った建物のモルタル外壁は剥落していた。地震の揺れによる被害だった可能性がある。こうした場所でも延焼が食い止められた。消防活動の成果だった可能性がある

（写真:池谷和浩）

D地点 あちこちで木造建物が大破

延焼が避けられた地点でも木造の家屋や寺院が倒壊、あるいは大破していた。電柱が傾き、架線が垂れ下がっている場所も多く、高所作業車による撤去作業が行われていた

最終的にこの一帯に津波の影響はなかったが、大津波警報で沿岸からの避難が強く呼び掛けられてもいた。加えて、そもそもの消防力も不足していた可能性がある。「消防体制はほぼ各地の人口に比例して配置されている。輪島市を含む奥能登地方は広域消防の形が採られているが、人口減に悩む地方都市に共通する問題で、消防力が不足している」（関澤名誉教授）

地方都市のリスクが顕在化

防耐火の専門家である早稲田大学の長谷見雄二名誉教授は、次のように語る。「07年能登半島地震の後に輪島市を視察したことがあるが、古い店舗には界壁があまりなかった印象がある。そうした地方都市の『延焼火災』リスクが顕在化した火災だったのではないか」

国総研と建研の速報は、一帯について建築基準法22条区域とはなっていなかった、としている。この一帯は、新築の場合でも法令上の制限が比較的緩やかだったエリアだった。

「消防力低下が避けられない中、建基法や消防法などを超えて、密集市街地を『逃げやすく、火を消しやすく、延焼しにくい状態』にしていく必要がある」（長谷見名誉教授）

じりじりと一晩かけて延焼が進んだ今回の地震火災。初期消火または早期消火、水利確保、延焼防止など防災上の課題を突きつけた。

専門家に聞く 関澤 愛氏 東京理科大学名誉教授
大津波警報下の地震火災だ
（写真：本人提供）

今回の地震火災は、大津波警報により強く避難が呼びかけられた環境下という、これまでにない状況で起こった。津波からの避難と火元の確認、あるいは初期消火、そして消火活動は、今後も悩ましい課題となっていくのは間違いない。

消防体制は各地の人口に応じて配置されており、人口減少する地方都市では消防力の低下が避けられない。今回はその上に、地震によって消火栓が使えない、河川や海からの取水が難航したなど、水利が十分確保できないという数々の困難があった。

今回の火災は最終的に、消防隊が電柱や家屋が倒れ込んだ狭い路地を境に止めた。よくあそこで頑張って止めたものだ。出火の翌日である1月2日の夜明け前、大津波警報、津波警報が解除され、消防隊が海から取水できるようになったという証言が報道されており、この点が大きかったと私は見ている。

これは水利さえ確保できれば、現在の機材なら少数の消防隊でも延焼阻止は可能だということを示すものだ。

特に地方都市では、消防力が最大限発揮されるように大型防火水槽を適切に配置するなど、手立てが必要だ。今回の火災における知見を、レジリエント（強靱）な都市の実現に役立ててほしい。（談）

専門家に聞く 長谷見 雄二氏 早稲田大学名誉教授
輪島市だけの問題ではない

東京消防庁の調べによると、住宅火災が発生した際、その場に2人以上の居住者がいると、死者発生率が大きく減る。過去10年の火災の傾向でも、住宅火災での死者のうち高齢者の割合が増加している。

地方都市では独居老人が増えており、初期消火や避難が難しくなっていることが懸念される。地域の結びつきも希薄になっており、初期消火や助け合い避難にも期待できなくなりつつある。消防団も減少傾向だ。地方都市の課題が改めて浮き彫りになった。

地震火災ではなくとも、密集市街地の大規模な延焼火災は全国で繰り返し起こっている。輪島市で起こった火災は、道路の両側に店舗が展開する観光スポットともなっていた商店街で延焼が進んだ。こうしたエリアは建物の建築時期が古く、店舗隔壁の性能が不足しがちで、延焼が止まらない傾向にある。

例えば長屋造に小屋裏界壁がない場合、1軒で出火すれば瞬く間に全体に延焼する。小屋裏界壁は延焼防止効果が極めて高く、その実効性はもっと知られてよい。かつて京都市の町家などでは、公共事業として界壁設置に取り組んだこともあったほどだ。消防力に限界がある地方都市では、法令上の要求を超えて延焼防止措置を図っておく必要がある。（談）

〔写真1〕4mほど浸水した鵜飼・春日野地区
津波の被害を受けた石川県珠洲市宝立町の鵜飼・春日野地区では捜索活動が進められていた。地震で倒壊した家屋が海水を被った。2024年1月6日撮影
〔写真：日経アーキテクチュア〕

能登半島を回り込み到達した津波 屈折や反射を繰り返し巨大化

能登半島西方沖から北方沖、北東沖にかけて確認されていた複数の活断層が連動したと見られる能登半島地震。津波による浸水面積は約190ヘクタールに上った。津波の被害とメカニズム、今後の教訓を取材した。

震度6強の揺れと津波に見舞われた石川県珠洲市宝立町の鵜飼・春日野地区。取材班は2024年1月6日、避難所となっている鵜飼地区の宝立小中学校から海岸へ東進しつつ、被害状況を取材した〔写真1、2〕。

国道249号を東に300mほど進むと、倒壊した木造家屋が道路を塞ぎ、徒歩でも通り抜けが難しくなる。がれきに阻まれ直進できなくなったため、鵜飼交差点で左折し、春日野地区に向かって北上することにした。

300mほど歩き、なんとか通れそうな路地を分け入って東へ50mほど進むと、炭化した柱・梁や焼け焦げた車両が散乱する場所に出た。津波火災が発生したと見られる区画だ〔写真3、4〕。焦げ臭さと潮の香りを感じながらさらに50mほど東へ歩くと、ようやく海岸沿いの道路に出る。周囲には、津波で1階部分の外壁が破損した建物が、穏やかに打ち寄せる波と向き合うようにたたずんでいた——。

国土交通省の推定によると、石川県内では能登半島地震の津波で計約190ヘクタールが浸水。珠洲市は三崎町から宝立町にかけて約106ヘクタールが水に漬かった〔図1〕。京都大学防災研究所などの調査によると、鵜飼・春日野地区の最大浸水高（平常潮位から津波痕跡までの高さ）は4.3mに達していた。

「飯田海脚」で屈折・反射

鵜飼・春日野地区には地震のわずか数分後に最初の波が、数十分後に最大波が到達したと考えられる。なぜ、このような現象が起こるのか。国

〔写真2〕**津波が河川を遡上**
春日野地区を流れる磐若川沿いの道路にはがれきが打ち寄せられており、津波が遡上した様子がうかがえる。写真奥が下流側。2024年1月5日撮影
（写真：日経コンストラクション）

〔写真4〕**津波火災も発生した**
鵜飼・春日野地区では津波火災も発生したと見られる。複数の車両が激しく燃えた痕跡があった。2024年1月6日撮影
（写真：日経アーキテクチュア）

〔写真3〕**倒壊した家屋が道路を閉塞**
津波の被害を受けた鵜飼・春日野地区の航空写真。地震で倒壊した家屋が道路を塞いでいる。海岸は津波で浸食されたと見られる。写真手前が東側。このエリアから最も近い津波避難ビルは宝立保育園から西へ150mほどの場所にある。2024年1月2日撮影
（写真：国際航業・パスコの写真に日経アーキテクチュアが加筆）

〔図1〕**浸水範囲は県の「想定内」**
国土交通省が推定した浸水範囲と石川県が2017年に作成した津波浸水想定区域図（想定最大規模）の比較。鵜飼川周辺の鵜飼地区と、磐若川周辺の春日野地区では400mほど内陸まで浸水したと見られる
（資料：国土交通省の資料を基に日経アーキテクチュアが作成）

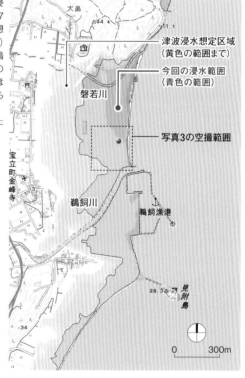

土地理院の震源断層モデル（暫定）を基に、津波伝播をシミュレーションしたのが東北大学の越村俊一教授だ〔図2〕。

越村教授によると、同地区がある珠洲市の富山湾側は地盤変動域に位置するため、地震発生と同時に海面が変動する。次に押し寄せるのが、能登半島の北側から東側を回り込んでくる津波。シミュレーションでは地震発生の約20分後、珠洲市に高さ1m程度の波が到達した。

さらにその後、高さを増した津波が何度も押し寄せる。能登半島北東部から東へ張り出す「飯田海脚」の影響だ。回り込んできた波が浅い海で屈折・反射を繰り返し、増幅される。「半島や島の周辺では想定しなけれ

〔図2〕津波の伝播をシミュレーション

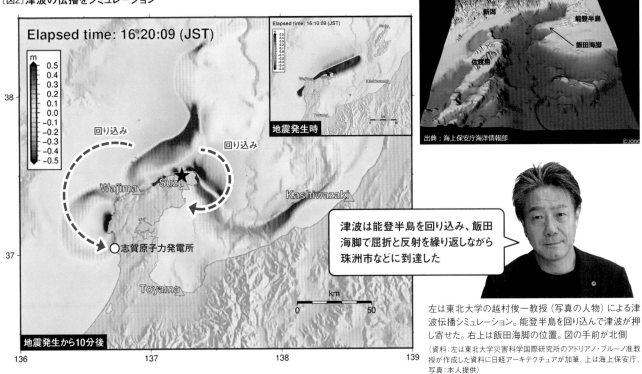

津波は能登半島を回り込み、飯田海脚で屈折と反射を繰り返しながら珠洲市などに到達した

左は東北大学の越村俊一教授（写真の人物）による津波伝播シミュレーション。能登半島を回り込んで津波が押し寄せた。右上は飯田海脚の位置。図の手前が北側
（資料：左は東北大学災害科学国際研究所のアドリアノ・ブルーノ准教授が作成した資料に日経アーキテクチュアが加筆、上は海上保安庁、写真：本人提供）

ばならない現象だ。1993年の北海道南西沖地震でも、奥尻島の裏側に高い津波が押し寄せた」（越村教授）

県の津波浸水想定の範囲内

珠洲市を襲った津波の浸水域や浸水深は、今回の地震の余震域と重なる活断層「F43」などを考慮して石川県が設定した津波浸水想定に、おおむね収まったと見られる。

国交省などの検討会が2014年に示した津波断層モデルに基づく県の想定によると、鵜飼地区の最大津波高（沖合30m地点の津波の標高）は6.4m。影響開始時間（沖合30m地点で海面に±20cmの変動が生じるまでの時間）は最短3分。珠洲市はこの想定に基づいて津波避難計画を作成済みだった。

今後は避難行動が想定通りだったか検証が必要だ。東北大学の今村文彦教授は、「津波の到達は非常に早かったが、浸水範囲が限られており、すぐに指定緊急避難場所に向かえば助かっただろう。問題は建物倒壊の影響だ」と指摘する。家屋の下敷きとなって脱出できず亡くなった人が、少なからずいる可能性がある。「南海トラフ地震で懸念しているのは、まさにそうした事態。津波対策においても、建物の耐震化率を高めるのが大原則だ」（今村教授）

地盤の隆起や沈降の評価を

今村教授は、地盤の隆起と沈降の影響も精査する必要があると言う。能登半島の北側では大規模な隆起に伴い津波が相対的に低くなり、被

害を軽減した可能性がある。一方、南部では若干の沈降が見られる。「七尾市や穴水町辺りは浅く複雑な地形の湾で津波の外力が小さかったが、沈降したため津波のリスク自体は高まっていた」（今村教授）

海水を被った車両などから出火する津波火災の存在も見逃せない。今回の地震では珠洲市の鵜飼・春日野地区や能登町白丸地区で火災が発生した。東日本大震災では、宮城県気仙沼市でタンクから重油が流出して延焼した。今村教授は「燃料の扱いをどうするか。工場が集中する臨海地域には備蓄タンクなどがある。南海トラフ地震を念頭に超大規模火災に備えなければ」と話す。

〔写真1〕倒壊して無残な姿をさらす旧角海家住宅の主屋
一部を残して倒壊した旧角海家住宅の主屋を南側から見る。左手の塩物蔵は大きく傾いている。右の写真は被災前の主屋。瓦ぶきの切り妻屋根で、壁面はしっくいと板張りによる
（写真：45ページまで特記以外は日経アーキテクチュア、右は輪島市）

文化財建造物の被害

耐震補強した重要文化財も倒壊 石川県で50件超の被害

2024年1月1日の能登半島地震で震度7を観測した石川県輪島市門前町では、国指定の重要文化財「旧角海家住宅」の主屋が倒壊した。地域の文化を伝える歴史的建造物の耐震対策について検証が必要だ。

能登半島の北西に位置する石川県輪島市門前町の黒島地区は、かつて大阪と北海道を結んだ北前船の船主らの拠点として栄え、2009年に重要伝統的建造物群保存地区に選定されたエリアだ。24年1月1日の能登半島地震では、同地区の代表的な廻船問屋住宅である「旧角海家住宅」の主屋が倒壊した〔写真1、2〕。

主屋を含めた5棟は、1972年に県の有形文化財に指定された。その後、2007年に発生したマグニチュード（M）6.9の能登半島地震で半壊。これを機に、土地と建物が輪島市に寄贈された。市は国や県の支援を受け、約4年をかけて耐震補強を含めた保存修理工事を実施。11年に一般公開した。16年には国の重要文化財に指定されている。

「十分な耐震性能を有する」

「石川県指定有形文化財角海家住宅及び土蔵修理工事報告書」（輪島市教育委員会文化課）や、市が24年3月の取りまとめを目指していた「重要文化財（建造物）旧角海家住宅保存活用計画（案）」によると、主屋は一部地下1階、一部地上2階建ての木造建築物で、建築面積は約330m²だ〔図1〕。

11年完了の保存修理工事は、09年に石川県建築審査会の同意を得

〔写真2〕**主屋以外は倒壊を免れた**
高台から黒島地区を見下ろす。板張りの壁と黒い屋根瓦が地区の景観を形づくっている。旧角海家住宅周辺の家屋では、屋根瓦の落下や壁面の剥落などの被害が見られたが、倒壊に至っていない建物が多い

〔図1〕**5つの建物が国指定の重要文化財に**

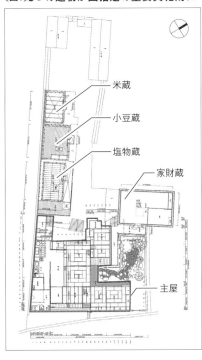

旧角海家住宅の全体平面図。主屋と4つの蔵が国の重要文化財に指定されている。赤く示したのが被害の大きかった主屋。北東部分はかろうじて倒壊しなかったものの、小屋組みがあらわになった
（資料：このページは輪島市）

米蔵
小豆蔵
塩物蔵
家財蔵
主屋

〔図2〕**主屋1階に土壁を追加**

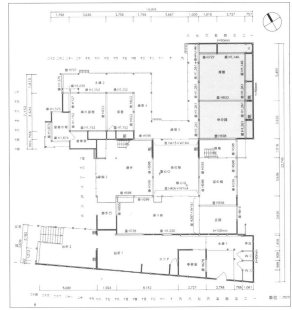

2011年の保存修理工事後の主屋1階平面図。赤く示したのが耐震補強のために追加した土壁の位置。文化財としての価値を損なわないよう、見え掛かりとなる場所への設置は最小限にした。青く示したのが倒壊しなかった部分

〔図3〕**耐震性能を評価した上で補強を実施**

単位:rad

	桁行方向			梁間方向		
	損傷限界	安全限界	判定	損傷限界	安全限界	判定
2階	1/214	1/36	OK	1/228	1/24	OK
1階	1/100	1/12	NG	1/158	1/16	OK

むとう設計が実施した主屋の耐震性能の評価。1階の桁行方向について設計クライテリアである層間変形角「15分の1以下」を満足しない結果となったため、耐震補強を施した

て建築基準法の適用除外を受けた上で、できるだけ部材を再利用する方針で進められた。新補材は当初の仕様に基づき施工。意匠面で差し障りのない材料には、添え柱を設けた。

耐震補強に当たっては、限界耐力計算で耐震性を評価。主屋の設計クライテリア（要求性能）を、「極めてまれに発生する地震」に対して層間変形角15分の1以下と設定し、性能を満たさなかった主屋1階の7カ所に土壁を追加した〔図2、3〕。

この他、基礎部には礎石の下に地中梁を設け、建物に加わる地震力を軽減するために最大7mの鋼管杭を打ち込んだ。保存活用計画（案）は、この工事で「十分な耐震性能を有するに至った」としている。

保存修理工事の設計・監理者は石川県内で歴史的建造物の修繕を手掛けるむとう設計（金沢市）。同社の武藤清秀代表は、「敷地が軟弱地盤でも問題ない設計とした。被害状況にはショックを受けた」と話す。

「安全確保水準」達成が望ましい

保存活用計画（案）を審議した金沢美術工芸大学の坂本英之名誉教授は、「可能な限り使える材料を回収・再利用して復興のシンボルとして修復してほしい」と話す。

もっとも、そのためには主屋がなぜ倒壊したのか、明らかにしなければ

〔図4〕**石川県全域で国の文化財建造物に被害**

市町村名	被災物件	種別	被害状況
金沢市	旧金沢陸軍兵器支廠 (石川県立歴史博物館)	重文(建造物)	バックヤードの天井にクラック、屋根瓦1枚落下、軒の支え1カ所落下
	旧第四高等中学校本館 (四高記念文化交流館)	重文(建造物)	壁のしっくいにひび割れ、剥がれ10カ所程度、ガラスひび割れ、教室の黒板割れ
	旧石川県庁舎本館 (石川県政記念しいのき迎賓館)	登録(建造物)	天井の石こうボードの一部剥がれ、エレベーター停止(安全装置作動)
	旧陸軍金沢偕行社(国立工芸館)	登録(建造物)	外壁面に多数のクラック(軽～中程度)、内壁面に多数のクラック(軽度)、木造部分においてしっくいと柱の接合部分にゆがみとずれ(軽度)
	旧陸軍第九師団司令部庁舎 (国立工芸館)	登録(建造物)	外壁面に多数のクラック(軽～中程度)、内壁面に多数のクラック(軽度)、木造部分においてしっくいと柱の接合部分にゆがみとずれ(軽～中程度)
	旧鯖波本陣石倉家住宅	重文(建造物)	土蔵東面と馬屋しっくい壁にひび割れ
	成巽閣	重文(建造物)	内壁の破損
	尾山神社神門	重文(建造物)	3階:ステンドグラスのひび割れ、ガラスフィルムの剥がれ 2階:南側の木製建具の開閉不良
	浅永家住宅土蔵	登録(建造物)	西側土壁の崩落
	細川家住宅主屋	登録(建造物)	内部土壁の崩壊、クラック
	卯辰山麓	重伝建	宝泉寺(灯籠ずれ・落下、地盤ひび割れ)、宇多須神社(玉垣の崩落)、慈雲寺(石積みの石が数個落下)、松尾神社(鳥居の上部石のずれ、擁壁ひび割れ)、玄門寺(鐘楼屋根瓦落下、本堂内壁崩落)、永久寺(本堂・山門一部損壊、石積み一部損壊)
加賀市	薬王院五輪塔	重文(建造物)	塔の頭部が落下
	旧山長織物会社	登録(建造物)	2階の土壁が落ちている
	北大路魯山人寓居	登録(建造物)	土壁が落ちている
	加賀橋立	重伝建	出水神社の灯籠が倒れている
羽咋市	妙成寺二王門	重文(建造物)	左側面の板が1枚脱落
	妙成寺三十番神堂	重文(建造物)	背面板が2枚程度脱落
	妙成寺祖師堂	重文(建造物)	背面及び右側面板が1枚ずつ脱落
	妙成寺本堂	重文(建造物)	本堂内部左側奥から2番目の柱がわずかにずれている可能性あり
	妙成寺書院	重文(建造物)	欄間の一部毀損
	妙成寺庫裏	重文(建造物)	西側壁の一部(土壁及びしっくい)毀損確認
白山市	呉竹文庫	登録(建造物)	書庫及び書斎の蔵書散乱、屋内壁土剥落(十数カ所)、土蔵(書庫)南面及び南西隅貼り石剥落
	多川家住宅主屋	登録(建造物)	主屋内の壁5カ所に亀裂
七尾市	藤津比古神社本殿	重文(建造物)	戸板2枚落下
	座主家住宅	重文(建造物)	後背地の地割れ、土間上がり口に隙間が生じた(所有者情報)、避雷針毀損
	夛田家住宅(旧上野啓文堂)主屋	登録(建造物)	正面ひび割れ、モルタル(万年筆意匠)剥落
	鳥居醤油店主屋	登録(建造物)	外壁側面土壁剥落、正面建具倒壊、内部でひび割れ・土壁剥落多数
	高澤ろうそく店主屋	登録(建造物)	ミセノ間正面倒壊
	神野家住宅主屋	登録(建造物)	正面ひび割れ、モルタル一部剥落、窓ガラス破損、扉のずれ
	勝本家住宅主屋	登録(建造物)	土蔵など、内部が大きく破損
	懐古館(旧飯田家住宅)主屋	登録(建造物)	土間塗り壁一部剥落、縁側欄間が落下、電灯カバーのガラス破損、窓ガラス1枚破損、壁破損・一部剥落、引き戸が外れて庭に落下、ガラス破損
	室木家住宅 門及び塀	登録(建造物)	川側塀が倒壊、山側塀に傾き
	春木屋洋品店(旧春木屋商店洋服部)	登録(建造物)	1階が倒壊し、2階部分は形状を残すのみ
	青林寺客殿(和倉御便殿本殿)	登録(建造物)	玄関柱のずれ、壁ひび割れ、鴨居落下
	信行寺書院(和倉御便殿供奉殿)	登録(建造物)	壁ひび割れ、廊下ガラス破損
輪島市	総持寺祖院	登録(建造物)	登録(建造物)17件のうち倒壊建物多数
	旧角海家住宅	重文(建造物)	主屋倒壊など
	上時国家住宅	重文(建造物)	主屋倒壊など
	黒島地区	重伝建	倒壊建物多数
能登町	中谷家住宅	重文(建造物)	主屋は傾き、その他に倒壊している建物あり
かほく市	西田幾多郎書斎 骨清窟	登録(建造物)	室内天井にクラック
宝達志水町	喜多家住宅	重文(建造物)	主屋土間の土壁に亀裂複数。厠(かわや)の壁・床に破損あり。表門の土壁に亀裂あり。茅ぶき屋根の棟に一部欠損あり。道具倉の土壁が一部剥がれる
小松市	東酒造場	登録(建造物)	建物内部壁面の一部に崩れ
	長沖金剛	登録(建造物)	内壁にひび割れ
	長沖蔵	登録(建造物)	入り口の一部崩れ
	小松市立錦窯展示館	登録(建造物)	建物内部の壁に剥落・浮きが10カ所程度あり。建物内部の畳面に凹凸が著しい箇所あり
	鈴木家住宅土蔵	登録(建造物)	土蔵及び店蔵外壁にひび割れ、内壁の一部に剥落及びひび割れあり
穴水町	明泉寺五重塔	重文(建造物)	水輪が取れた。お堂の壁に隙間発生
中能登町	旧丹後家住宅主屋	登録(建造物)	内壁、外壁の崩れが複数あり。1～2階窓ガラスの割れが複数あり。ふすま・障子戸の複数枚に損傷あり
	旧丹後家住宅土蔵	登録(建造物)	外壁がひどく損傷・崩落した箇所複数あり
	旧丹後家住宅表塀	登録(建造物)	塀のしっくい部分の剥がれ複数あり
	旧丹後家住宅庭門及び塀	登録(建造物)	庭門は倒壊。町道R-1号側の塀が内側に傾く
	旧稲邑家住宅主屋	登録(建造物)	主屋の一部損壊、壁に損傷あり

国指定の重要文化財(建造物)、国の登録有形文化財(建造物)、国が選定した重要伝統的建造物群保存地区(重伝建地区)の被害一覧(2024年1月18日時点)。
文化庁は今後も増加する可能性があるとしている(資料:文化庁の資料を基に日経アーキテクチュアが作成)

総持寺祖院で甚大な被害
40億円投じて復興したばかり

石川県輪島市門前町の門前地区では、大本山総持寺祖院（以下、総持寺）の被害が顕著だ。法堂（大祖堂）や仏殿といった主要な建物は倒壊を免れたものの、山門につながる回廊が倒壊するなど境内にある建物の多くが被害に見舞われた〔写真3〕。

総持寺の高島弘成副監院による

と、国の登録有形文化財となっている17件の建物や構造物は、程度の差はあるが全て被害を受けたという。

総持寺は2021年に開創700年を迎えた曹洞宗の寺院だ。明治時代の火災で建物が焼失したのを機に、大本山は横浜市に移転。石川県で再建した施設を「総持寺祖院」と位置

づけている。07年の能登半島地震でも大きな被害を受けており、約40億円を投じて耐震補強を含めた修理を終えたのが21年のことだった。

高島副監院によると、24年1月18日に境内の事務所が復旧したが、同日には応急危険度判定で「危険」と判定された。このため、ウェブサイトなどで立ち入りを控えるよう呼びかけているという。「復興を考えられる段階ではないが、横浜の大本山総持寺と連携しながら建物の応急処置について話し合いが始まったところだ」（高島副監院）

〔写真3〕境内の各所で建物が倒壊
写真左は山門の南側に続く廊下「禅悦廊」が崩れた様子。奥に見える法堂（大祖堂）は、倒壊を免れた。右は戦国武将・前田利家の正室まつを祭った「芳春院」。建物全体が崩れ落ちていた

ならない。文化財建造物保存技術協会の稲葉敦常務理事は、「耐震補強の内容の検証が必要だ」と指摘する。

稲葉常務理事によると、国指定の重要文化財は文化庁の「重要文化財（建造物）耐震基礎診断実施要領」が示す「安全確保水準」を満たすよう設計するのが一般的だ。同水準では、各地域で想定される最大級の地震動に対して建物が倒壊しないようにする。クライテリアは層間変形角30分の1以下が目安だ。

耐震補強のクライテリアは前述の

ように「15分の1以下」だった。「この建物でどうだったか分からないが、接合部を補強して要求性能を緩和する場合もある」（稲葉常務理事）

11年当時、旧角海家住宅は県指定の有形文化財だった。稲葉常務理事は、「国の求める耐震性能を満たしていない自治体指定の文化財は少なくない。予算の制約があるし、見た目を著しく変える補強を避けるケースもある」とする。「『安全確保水準』の確保を促す方向に議論を進めることが望ましい」（稲葉常務理事）

文化庁によると、国の重要文化財などの被害は石川県内だけで74件に上る（24年1月18日時点）。このうち建造物は50件を超える〔図4〕。観光資源としても期待される貴重な歴史的建造物をいかに継承するか。能登半島地震の被害は、その難しさを浮き彫りにしたといえる。

文化庁文化資源活用課文化財防災推進係の担当者は文化財建造物の耐震対策に関する国の指針について、「被害状況の検証後に内容を見直す可能性は否定しない」と話す。

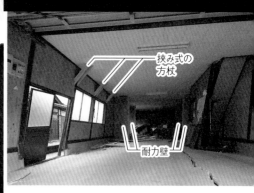

挟み式の方杖

耐力壁

地震前

〔写真1〕**耐震補強を一部完了していた住宅**
上と右上は、耐震補強工事の一部が完了していた車庫付き住宅の被害状況。1階の車庫が傾き、くの字に変形したが、参道（左側）への倒壊を免れた。車庫には、東西方向の両袖に耐力壁を計4カ所と、参道側に挟み式の方杖を計3カ所、それぞれ設置していた。さらに、門型の開口部に添え柱を追加し、基礎を補強する工事を予定していた。右下は、23年奥能登地震後の状態。基礎とモルタル壁（室内側）にひびが入り、モルタル壁の一部が脱落した
（写真：右ページまで特記以外は建物修復支援ネットワーク）

耐震補強の有無で明暗
23年奥能登地震後と比較

能登半島地震で最大震度6強を観測した石川県珠洲市正院町。2023年5月の奥能登地震でも被災しており、短期間で再び大きな揺れに見舞われた。前回の地震後に耐震補強したことで、倒壊を免れた住宅があった。

ボランティア組織の建物修復支援ネットワーク（新潟市）を主宰する長谷川順一代表は、2024年1月5日から7日にかけて、石川県珠洲市正院町などの被害状況を視察した。23年の奥能登地震後に応急復旧や修復を支援していた被災建物が、今回の能登半島地震でどのような被害を受けたかを確かめるためだ。

長谷川代表が助言して耐震補強工事がある程度進んでいる中で、能登半島地震に遭遇した建物がある。それらの被災状況は、隣接する建物よりも比較的軽く済んでいた。

耐震補強工事の一部が23年12月に終わっていた車庫付き住宅は、その一例だ〔写真1〕。建物の1階部分が傾いたが、持ちこたえた。1階の車庫の両袖には、地震の再来に備え、計4カ所の耐力壁と計3カ所の挟み式方杖を設置していた。近隣では、倒壊した建物が道路を塞ぐなどの被害が発生していた〔写真2〕。

23年奥能登地震の際、入り口とその周りの外装材が損傷した事務所併用住宅は、両隣の住宅が倒壊するなかで、持ちこたえた。出入り口付近

〔写真2〕**古い木造住宅に大きな被害**
珠洲市正院では古い木造住宅が数多く倒壊し、道路を塞ぐなどの被害が発生した
（写真：日経アーキテクチュア）

に耐力壁を設置し、内部に方杖を追加するなどの耐震補強を実施していたことが功を奏した〔写真3〕。

耐震補強工事を検討中に被災

能登半島地震は、奥能登地震からわずか8カ月後に発生したため、耐震補強を検討していたが、まだ着手できていなかった建物が多数ある。それらは、能登半島地震によって甚大な被害が生じていた〔写真4、5〕。

今回の地震で倒壊した土蔵付き住宅は、奥能登地震でも被害があった。このため、珠洲市の耐震診断の補助制度を活用して費用の一部を賄い、地元の設計事務所が一般診断と精密診断を実施し、格子壁を用いた補強計画を進めているところだった。

「地元の職人が圧倒的に少ないなかで、ようやく確保できた職人とのスクラムが組まれつつあったのに」と長谷川代表は悔しがる。

珠洲市では、奥能登地震の前から群発地震が続いている。そのため、被害が顕在化していなかった建物でも、繰り返しの揺れによって、接合部が開くなどの耐力低下が生じ、被害の拡大につながった恐れがある。

長谷川代表は「珠洲市のように群発地震が短期間に数多く発生している地域では、国や自治体が危機感をもって、地震後の劣化診断や補強工事を、職人確保とともに強力に進める必要があった」と語る。

〔写真3〕**左右の建物が倒壊する中で持ちこたえた**
左は、木造2階建て事務所併用住宅の23年奥能登地震後の状態。出入り口とその周りの外装材が損傷した。右は、24年能登半島地震後の状態。倒壊せずに持ちこたえた。長谷川代表の助言を受け、出入り口付近に耐力壁を設置し、内部に方杖を追加する耐震補強を実施していた。外装材の留め具を増やして締め直していたことが、地震動による変形を抑えた可能性がある。左右の木造建物は倒壊した

〔写真4〕**土蔵付き住宅が1階で層崩壊**
上は、土蔵付き住宅の24年能登半島地震後の状態。1階が層崩壊した。越冬に向けて、屋根と外装まわりの修復工事を耐震補強前に実施している矢先だった。右は、23年奥能登地震後。地震で外壁に損傷が生じていた

〔写真5〕**道路側にほとんど壁がない住宅は倒壊**
上は、大正時代に建てられたと推定される住宅が、24年能登半島地震で倒壊した様子。左は、23年奥能登地震後の状態。柱が一部折れて梁間方向の建具が大破していた。道路側にほとんど壁がなかった。土台や足固めなどにも損傷や劣化が生じて、地震で壊れやすい状態だった

[写真1]道路側へ地盤が動いた
液状化現象で地盤の側方流動が発生した石川県内灘町。向かって左側（西）に砂丘がある。地盤表層の流動が写真の県道8号付近で止まったと考えられている。2024年1月4日撮影（写真：51ページまで特記以外は日経アーキテクチュア）

地盤被害

内灘砂丘背後の緩斜面が液状化
側方流動で住宅地の被害拡大

建物も電柱も道路も、あらゆるものが傾いた。最大震度5弱を観測した石川県内灘町での地盤被害。砂丘を造成した一帯の地盤が地震の揺れで液状化し、低い側へ流出したと見られる。建物の構造被害も懸念される。

　宅地が押し出され、擁壁が破壊。道路が盛り上がっているように見える。住宅や電柱は右に左にとバラバラの向きに傾いている――。

　石川県内灘町では、県道8号沿いの広い範囲で液状化被害が生じた〔写真1〕。取材班が内灘町を訪れたのは2024年1月4日。まだ噴砂現象によって噴き出た泥水は乾いておらず、畑などでは発生した地割れが見られた。建物が重みに耐え切れず、液状化した地盤に沈み込む被害も多数確認できた〔写真2〜4〕。

　内灘町は金沢市に隣接し、ベッドタウンとして発展してきた。近隣には日本海に面する海水浴場、公園、大型ショッピングセンターなどもある便利な住宅地だったが、地震でその光景が一変してしまった。

　この一帯は西側の日本海と内陸の河北潟を隔てる内灘砂丘の後背に当たる低地で、1960年代から砂丘の斜面を造成したと見られている。液状化の危険性は以前から指摘されていたが、現実のものとなった〔図1〕。

　被害が大きいのが、町北部に位置

〔図1〕**液状化の危険性が指摘されていた**

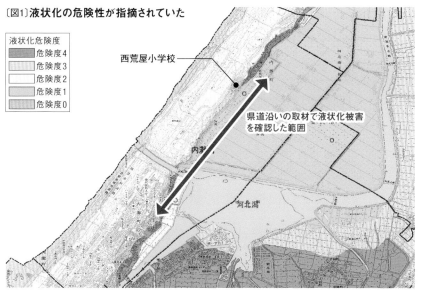

液状化危険度
- 危険度4
- 危険度3
- 危険度2
- 危険度1
- 危険度0

西荒屋小学校

内灘

河北潟

県道沿いの取材で液状化被害を確認した範囲

国土交通省北陸地方整備局が公表する「石川県液状化しやすさマップ」でも危険性を指摘していた。大規模な側方流動が確認された西荒屋小学校周辺は危険度3から4の地域だ
（資料：国土交通省の資料に日経アーキテクチュアが加筆）

〔写真2〕**塀の下に残る噴砂の痕跡**
内灘町西荒屋地区の南に位置する宮坂地区では、住宅の塀の足元に目の細かい砂と水が噴き出した痕跡があった（写真：このページは池谷 和浩）

〔写真3〕**畑の表面に地割れ**
宮坂地区の状況。住宅が左右に不同沈下した一帯では、畑の表面にも地割れが起こっていた

〔写真4〕**車庫付き混構造住宅が不同沈下**
宮坂地区の被害。1階を鉄筋コンクリート造とした混構造の住宅が、液状化によって不同沈下し、奥の住宅にぶつかりそうになっていた

する西荒屋・宮坂地区などだ。特に西荒屋地区では、大規模な側方流動が起こったと見られている。

地盤が2m横に動く

側方流動とは、地震時の液状化に伴い、地盤が水平方向に大きく動く現象だ。地表面が傾斜している場合に、液状化地盤が重力によって斜面下方に流れ込むことで起こる。護岸

などの構造物が崩れて移動して、地盤が動く場合もある〔図2〕。

内灘町の調査に入った京都大学防災研究所斜面未災学研究センターの山崎新太郎准教授によると、一帯は地下水位の高い砂質地盤だった。山崎准教授は、西荒屋小学校付近の県道沿いで、長さ約150m、幅約100mにわたって側方流動が起こったと見る。砂丘側で確

認された地割れの数や幅から見て「水平方向の変動量は最大2m」とする速報を2024年1月12日付で出した。側方流動が起こった宅地は、県道から見て砂丘側の緩傾斜地で、その勾配は2%程度だった。

地盤工学の専門家である東京電機大学の安田進名誉教授は1月6日と8日に現地調査。西荒屋地区で起こった側方流動についてこう語る。

〔図2〕側方流動で住宅や道路に被害

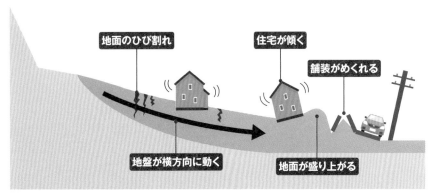

地面のひび割れ

住宅が傾く

舗装がめくれる

地盤が横方向に動く

地面が盛り上がる

西荒屋地区で発生した側方流動のイメージ。斜度は約2%程度だったが、液状化で地盤表層が下方に流れ出てしまった。土砂や水が道路で止まり、道路付近の地面を盛り上げた（資料：取材を基に日経アーキテクチュアが作成）

〔写真5〕**道路が隆起して交差点に段差**
三差路である西荒屋交差点の被害。側方流動で左側に見える道路が盛り上がった

〔写真6〕**校舎のエントランスまわりが損傷**
県道8号より高い場所に位置する西荒屋小学校。エントランス付近の地面が建物より下がっていた

〔写真7〕**不同沈下したRC造のビル**
宮坂地区に立つ鉄筋コンクリート造の3階建てビル。地面の下に大きく沈み込んだ。基礎形式などは不明。背面に砂丘の斜面が見える

「緩傾斜地が液状化で流動し、道路を突き上げたことで街並みが一変してしまった。傾斜の上の方では地下水や土砂が流出して地割れが起こり、道路脇に土砂や水が押し出されたため道路が盛り上がった」

典型的な箇所が、南北を走る県道8号に西側の砂丘方面から続く県道162号が接続する西荒屋交差点だ。信号機に手が届きそうな高さまで道路が盛り上がり、車両の通行が困難になっていた〔写真5、6〕。

日本海中部地震で注目集める

安田名誉教授によると、かつて砂丘付近で緩傾斜地の大規模な側方流動が起こった例がある。1983年の日本海中部地震で秋田県能代市の市街地で発生した。標高20m程度の山を中心に最大5mもの水平変位が確認され、周囲では住宅の被害が数多く発生した。

では、どのように側方流動の対策を講じればよいのか。「技術的には、排水溝を新設して一帯の地下水位を下げるといった対策工事で、緩斜面の側方流動は抑制できることが分かっている。今後の復旧対策工事ではそうした技術の適用も検討されるべきではないか」（安田名誉教授）

復旧に当たり、安田名誉教授が懸念するのが建物の構造被害の状況だ。側方流動ではビルの杭が折れることもあるほか、建物が地盤ごと流されることで基礎や上部構造に被害が及ぶ可能性がある〔写真7〕。

神社の鳥居が重みで沈む
噴出した砂が膝下まで堆積

能登半島地震で震度5強を観測した新潟市でも液状化被害が多発した。被害が大きかった地域の1つが、信濃川左岸の西区善久地区。善久白山神社では、鳥居を支える土台が数十センチメートル沈み、大きく傾いた。付近は揺れで地盤が液状化、あちこちで噴砂現象が起こった。取材班が住人に聞いたところ、噴き上がった土砂は揺れからわずか30分以内で膝の下付近に達したという〔写真8〕。

[写真8] 激しい噴砂で側溝が埋まる
上は液状化で傾いた善久白山神社の鳥居。倒壊の恐れがあり、通路は封鎖された。下は神社近隣で確認された激しい噴砂現象の痕跡。表出した土砂で側溝が埋まり、雨水が流れにくくなっていた
(写真：日経コンストラクション)

新潟砂丘辺縁部でも被害多発

新潟市の発表によると2024年1月26日時点で判明した建物被害は6069棟。8割以上を西区が占める。

新潟市内を調査した建物修復支援ネットワーク（新潟市）の長谷川順一代表によると、西区寺尾地区など新潟砂丘の辺縁部に当たるエリアで液状化が数多く確認されたという。長谷川代表は「砂丘の辺縁部は砂丘に染み込んだ地下水が湧き出す場所で、地下水位が高いことは分かっていた」と語る。

長谷川代表は今回特に、近年埋め立て造成された場所に限らず、古くから続く市街地でも液状化現象が発生した点に注目しているという。

「液状化による不同沈下のみに比べ、建物の復旧費用がかさむ恐れがある。今後、被災地に立つ建物の詳細な被害調査が必要だ」と、安田名誉教授は指摘する。

2024年能登半島地震では地盤の被害が多発した。石川県だけではなく、富山県、新潟県など日本海側の広い範囲で液状化被害が発生（上の囲み記事参照）。金沢市などでは宅地の斜面崩壊も起こった。復旧には時間を要しそうだ。

専門家に聞く 安田 進氏 東京電機大学名誉教授
東日本大震災より深刻な面も

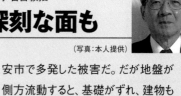
(写真：本人提供)

大地震による液状化被害はたびたび起こっているが、今回の能登半島地震の被害はかなり深刻だと感じた。被災面積としては東日本大震災の方が広いだろうが、建物被害のレベルはそれを上回ると見ている。

平地で地盤が液状化して建物が不同沈下した場合、下からジャッキアップする補修で済むことが多い。これは例えば東日本大震災において千葉県浦安市で多発した被害だ。だが地盤が側方流動すると、基礎がずれ、建物も無理な力がかかって壊れる。補修もより難しい。被災地の詳細な被害調査が進めば、この深刻度は明らかになっていくだろう。

斜面地の側方流動対策としては一帯の地下水位を下げる工事が有効であり、復興計画でも検討を期待したい。　　　　　　　　　　（談）

「発災直後でも医療を止めない」
震度6強に耐えた免震病院

[写真1] 建物を守った免震層
恵寿総合病院本館は地下に免震層を設けている。免震の他、液状化対策としてTOFT工法（格子状地盤改良工法）も採用している。左は本館1階の受付。能登半島地震を受けても無傷だった。本館は鉄筋コンクリート造、地上7階建てで、延べ面積は約1万6000m²。設計は伊藤喜三郎建築事務所（東京都豊島区）と竹中工務店が手掛けた（写真：55ページまで特記以外は日経アーキテクチュア）

能登半島地震で震度6強の揺れを観測した石川県七尾市。市内では2024年1月26日時点で、1万棟を超える建物が被害を受けている。こうした状況下でも、免震構造の「恵寿総合病院」は絶えず医療活動を続けている。

「私たちは能登半島地震でも医療を止めない」。こう力強く話すのは、社会医療法人財団董仙会・恵寿総合病院（石川県七尾市）の神野正博理事長だ。2024年1月中旬に現地を訪れると、病院内には神野理事長の言葉通り、地震の影響を感じさせな

い光景が広がっていた。

恵寿総合病院はJR七尾駅から北に約1kmの七尾湾臨海部に位置する。病院は主に「本館」「3病棟」「5病棟」の3つの建物から成り、本館と3病棟、3病棟と5病棟がそれぞれ上空連絡通路で行き来できるようになっている。3病棟と5病棟は竣工から数十年が経過した耐震構造の建物だが、13年10月に竣工した本館は免震構造だ〔写真1、2、図1〕。

24年1月1日午後4時10分ごろに発生した能登半島地震によって七尾市街地では住宅の倒壊や道路の

ひび割れといった被害が多発した。耐震構造だった3病棟と5病棟も天井が落下したりスプリンクラーが破損したりするなど内外装や設備などに被害を受けた〔写真3〕。

一方、免震構造を採用している本館は被害を免れた。「医療機器の転倒どころか、棚にあった本1つ落ちなかった」と神野理事長は話す。建物が無傷だっただけでなく、停電もなかった。七尾市は断水の長期化が深刻なエリアだが、本館ではろ過した井戸水を救急診療やトイレ、飲料水などとして利用できた。

〔写真2〕**耐震構造の建物では被害**
左の写真は本館。2013年10月に竣工した。上の写真の中央部は5病棟。銀色の上空連絡通路で3病棟とつながっている。3病棟と5病棟は耐震構造で、3病棟は旧耐震基準のため補強済み、5病棟は新耐震基準だ。3病棟と5病棟では外壁がひび割れるなどの被害が出た

〔図1〕**恵寿総合病院は主に3つの建物から成る**
本館には急性期リハビリテーションセンターや内視鏡センター、手術室など、3病棟には健康管理センターや董仙会本部など、5病棟には回復期リハビリテーションセンターや地域包括ケア病棟などが入る。3つの建物を結ぶ2つの上空連絡通路は柱で自立している。構造は鉄骨造で、杭基礎を採用している（資料：取材を基に日経アーキテクチュアが作成）

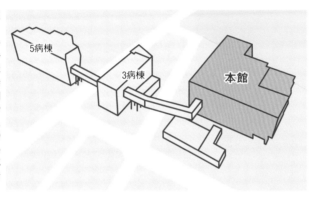

免震の本館へ患者を移動

　発災から1時間もたたないうちに、神野理事長は建物被害が出た3病棟と5病棟の入院患者合わせて約110人の総員退避を決断した。本館内の急性期リハビリテーションセンターや内視鏡センター、化学療法室、処置室などに病床を設け、医療を続ける計画を立てた。「スペースは広いとは言えず、プライバシーの問題はあったが、まずは患者に安全な本館に入ってもらうのが最優先だと考えた」（神野理事長）

　移動に当たっては上空連絡通路を活用した。2つの連絡通路はそれぞれが柱で自立する、独立した建築物だ。計画時に大地震が発生した際の利用を想定していたことが功を奏した。今回の地震が発生したのは気温が低い冬の夕暮れ時だったが、屋外に出ずとも安全に退避できた。地震発生から約4時間後の午後8時には移動を完了し、患者に夕食を提供

〔写真3〕**七尾市街地では建物被害が多発**
七尾市では、2024年1月26日時点で1万2棟の住宅、134棟の非住宅建築物に被害が生じた。特に600年近い歴史を持つ「一本杉通り」付近では多くの住宅が倒壊した

〔図2〕地震発生後の動き

2024年 1月1日

午後4時10分ごろ　地震発生

午後5時ごろ　3病棟と5病棟の入院患者の総員退避を決断
本館へ移動

地震発生直後、電気は通っていたがエレベーターは停止していた。階段を使って3病棟と5病棟の入院患者の退避を進めた
（写真：下4点も神野正博）

午後8時ごろ　入院患者約110人の移動が完了

○ **2日**　救助隊が入り、物資が届く

○ **3日**　自衛隊による給水を開始
1日15トン

1月3日に始まった1日15トンの給水。当初は自衛隊が行っていたが、その後は市が給水している

○ **4日**　外来フルオープン　カレンダー通り

○ **5日**　5病棟の一部を再開

水漏れや機器の転倒などの被害が出た5病棟。患者の退避後、急ピッチで復旧を進めた

○ **6日**　血液浄化センターで透析を再開

5病棟の近くに立つ系列施設「恵寿ローレルクリニック（血液浄化センター）」。給水を利用して透析を再開した

○ **9日**　未就学児・学童託児所を設置

○ **10日**　避難所と病院を結ぶ巡回バスの運行開始

○ **11日**　5病棟を全面的に復旧
余震で断裂した下水管の復旧完了

建物被害のなかった本館を拠点に、刻々と変化する状況に柔軟に対応しながら復旧を進めている。恵寿総合病院は発災から10日もたたないうちに避難所の支援にも乗り出した（資料：取材を基に日経アーキテクチュアが作成）

〔写真4〕**災害対応を先導した2人**
左が社会医療法人財団董仙会・恵寿総合病院の神野正博理事長、右が神野厚美常務理事。取材時、「免震構造の建物は本当にすごい」と何度も口をそろえた

〔写真5〕**入念な対策が功を奏した**
神野厚美常務理事が作成したBCMマニュアル。建物内の設備などの細かい変更でも更新するようにしているという

した〔図2〕。

　病院は地震発生の当日から復旧の道を歩んでいる。まず24年1月2日に最初の救援隊が到着し、物資が届くようになった。翌3日からは透析に利用するため1日15トンの給水を受けている。4日は一般外来をフルオープン。カレンダー通りの稼働だ。6日には5病棟の近くに立つ系列施設「恵寿ローレルクリニック（血液浄化センター）」で透析を再開できた。

　被害を受けた3病棟や5病棟の復旧も進めている。水漏れの修復や散乱した什器の片付けを急ピッチで済ませ、5日に5病棟の一部を再開。その後11日には5病棟を全面的に復旧し、本館に退避させていた患者を順次戻した。3病棟も整備を進めて

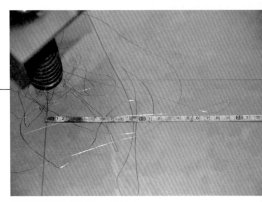

専門家に聞く 和田 章氏 東京工業大学名誉教授
建物の設計は免震から始めよう

（写真：生田将人）

能登半島地震の発生直後、石川県七尾市に立つ免震建物の被災状況を調査した。その際、立ち寄ったのが恵寿総合病院本館だ。建物はもちろん、医療装置などにも被害がなく、地震当日から医療活動を継続できていた。

この病院には、免震建物のほかに、耐震改修した病棟や新耐震基準で設計した病棟があり、いずれも建物は無事だった。だが、免震以外の病棟は、内装材が剥がれ、設備機器が損傷したため、医療活動が継続できなかったと聞いている。免震建物が大地震時でも機能を維持できたことを示し

た貴重な事例だ〔写真6〕。

免震建物を普及するためには、そのメリットをどう伝えるか、工夫が必要と感じている。今回のように地震が起こるまでメリットが顕在化しないかというと、そうではない。

免震構造を採用すると、免震層より上の建物に加わる力が低減されるので、設計の自由度が高まる。つまり、デザインについては、建物が完成した日から免震構造のメリットを享受できる。

具体的には、地震の少ない国のような自由な設計が可能になる。1階に用いる大地震時の層せん断力係数が、通常建物の中小地震時の0.2よりも小さい0.15以下になる。その結果、躯体では、柱や梁の断面を小さく

〔写真6〕地震で計33cm動いた
能登半島地震による恵寿総合病院本館の変位を記録した罫書き計。南側19cm、北側14cmで、合計33cm動いた

したり、柱の本数を減らしたり、構造設計も施工も容易になる。仕上げや設備などの設計の自由度も高まり、美しいデザインが可能になる。

うまく設計すれば建設コストを抑えることもできる。地震国日本の建物の設計は、明日からメリットのある免震構造からスタートしてほしい。　　　　（談）

徐々に使い始めている。

病院職員向けの支援体制も整えた。七尾市内の学校や保育園が長期閉鎖となっているため、9日に未就学児や学童の託児所を病院内に設置した。避難所支援も始めた。10日から七尾市にある100人以上の避難者がいる避難所と病院を結ぶ巡回バスを運行している。病院が機能を継続していることを生かして、しっかりとした検査・治療ができる体制づくりをするのが狙いだ。

マニュアルが力を発揮

大地震で底力を見せた本館。その

建設に当たってはコンペを実施した。恵寿総合病院の神野厚美常務理事は、「まさか私たちが決めた予算で免震の提案が出てくるとは思わなかった」と振り返る。コストアップをしなくても免震構造にできることが事業者選定の決め手になった。

建物の他、自前のBCM（事業継続マネジメント）マニュアルも迅速な災害対応に一役買った。マニュアル作成を担当した神野常務理事は、「医療機能のレジリエンスは全てマニュアルに記載していた。電気、水の対応も想定内だった」と手応えを口にする〔写真4、5〕。

神野正博理事長は今回の地震で得た教訓として指揮命令・情報共有を一元化することを挙げた。「声が大きい人がいると現場が混乱することがある。今回私たちは、部門別の指揮者に情報を集中させて、本部へ報告する形を採った」（神野理事長）。情報共有にはマイクロソフトのビジネスチャットツール「Teams」をフル活用した。

被災地の医療現場では外傷から感染症へと対応フェーズが変わっている。機能を止めずに動き続ける免震病院は、より一層存在感を強めている。

第

3

章

土木編

土木被害の全貌 ——————— 58

土木被害マップ ——————— 60

構造物別被害 ——————— 62
  長大橋 ——————— 62
  トンネル ——————— 65
  斜面崩壊 ——————— 68
  水道 ——————— 70

復旧奮闘記 ——————— 73

見えてきた課題 ——————— 80

能登半島地震 土木被害

石川県で240人の犠牲者を出した能登半島地震。人的被害もさることながら、各地で橋梁やトンネルなどの土木構造物が甚大な被害を受けた。現地調査と専門家への取材で明らかになった被害発生のメカニズムなどを構造物別に紹介する。さらに、道路啓開や復旧支援に関わった建設関係者の初動時の動き、地震で見えてきた課題などにも迫る。（能登半島地震共同取材班）

死亡者 240人
損壊額 最大2兆6000億円
避難者 1万3962人

死亡者と避難者は2024年2月5日時点。損壊額は住宅やインフラを対象に国が試算した（出所:内閣府）

（写真：砂金伸治・東京都立大学都市環境学部教授）

の全貌

CONTENTS

PART 1 被害全体像

能登半島地震・土木被害マップ ················ ▶60

PART 2 構造物別被害

桁損壊で危険な状態の長大橋 ················ ▶62
大規模崩落したトンネルの覆工 ················ ▶65
斜面崩壊で道路寸断や河道閉塞 ················ ▶68
水道の「耐震管」に被害 ················ ▶70

PART 3 緊急復旧奮闘記

地元建設会社社員が語る地震直後 ········· ▶73
初動の鍵は"奥能登外"の建設会社 ········· ▶75
大手建コンがリレー式で被災調査 ········· ▶78

PART 4 見えてきた課題

72時間内の道路啓開を検証 ················ ▶80
「海岸線隆起」でどうなる漁港復興 ········· ▶83

59

能登半島地震・土木被害マップ

見えてきた地震・津波の脅威

奥能登を中心に被害が多発した能登半島地震。被災直後は斜面や道路、水道の被害が目立ったが、啓開が進むにつれて、橋やトンネルなどの大型土木構造物の被害も明らかになってきた。広範囲にわたる地盤被害が発生した点も特徴だ。

輪島市の中心市街地で
大規模火災

輪島市の中心市街地で
ビル倒壊

中屋トンネルの覆工
コンクリートが崩落

❹

国道249号

❾

能登町

能登空港

❽

国道249号

— 通行可能な道路
✳ 被災規模の大きい箇所
＊2024年1月26日時点

輪島市

穴水町

❺

穴水駅

穴水町で複数住宅が
土砂災害に巻き込まれる

のと鉄道七尾線で線路の湾曲や
土砂崩れが発生し運転停止

能越自動車道

（写真：青木 賢人）

❺地震の影響で鹿磯漁港では最大
4mの隆起

能登島

❶

七尾市でほぼ全域が断水。
石川県で断水戸数が最多

和倉温泉駅

志賀原発で変圧器などの
一部設備に被害

七尾駅

志賀町

七尾市

中能登町

主な土木・建築被害の全容
（出所:2024年1月26日時点の国土交通省の資料や取材などを基に作成）

鵜飼大橋の歩道部が崩落

珠洲市

（写真:特記以外は日経クロステック）

❶中能登農道橋（ツインブリッジのと）で支承や橋桁に大規模損傷

（写真:高橋 良和）

❷鳥川橋（大谷ループ橋）で支承を固定するボルトが破断

（写真:国土交通省）

❸大谷トンネルの覆エコンクリートが大規模に崩落

❹国道249号の沿岸部で大規模土砂崩れが多数発生

❻珠洲市の飯田港で防波堤や岸壁が破損

❼珠洲市宝立町などで、津波が繰り返し襲来

（写真:石川県）

❽能登空港で滑走路がひび割れ

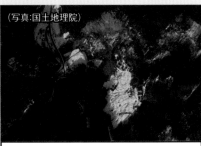

（写真:国土地理院）

❾土砂崩れによって河道閉塞が起こり土砂ダムが発生

（写真:富山県）

❿富山県小矢部市を走る国道359号が160mにわたり崩落

内灘町で広範囲にわたる液状化被害

富山市の沖合で海底地滑り発生

石川県

富山県

佐渡島

新潟県

⑫

⓫金沢市田上新町で土砂災害

⑫新潟市西区周辺で液状化被害

⑩

⓫

桁損壊で危険な状態の長大橋

PC張力低下の恐れあり

POINT

▶ 通行止めが続く長大橋で甚大な被害。中能登農道橋では桁が損壊し、PC張力が低下している恐れがある

▶ 橋台背面盛り土の沈下被害が多数の橋で見られた

能登半島地震以降、通行止めが続く中能登農道橋（ツインブリッジのと）で、支承や橋桁に大規模な損傷が生じていることが専門家の調査で分かった。プレストレストコンクリート（PC）桁の支承部のコンクリートが損壊しており、張力が低下したと見られる（**資料1**）。

中能登農道橋は石川県七尾市の能登島の西側に架かる長大橋だ。全長

は620m。能登島側がPC2径間の連続箱桁橋、中島町側がPC3径間の連続斜張橋だ（**資料2**）。1999年3月に供用を開始した。

特に損傷が激しいのが、能登島側のA2橋台付近だ。橋桁が橋台に衝突したと見られ、支承部のPC桁が破壊した。現地を調査した金沢工業大学の田中泰司教授は損傷のメカニズムについて、「橋桁と橋台が引き

資料1■ 下は中島町側から見た中能登農道橋の斜張橋部。右下は箱桁橋部。ブラケットを設置するためのボルトが橋台に打ち込まれていた（写真：64ページまで特記以外は日経クロステック）

桁かかり長の延伸部

剥がされるようにして破壊したのではないか」と推測する。橋桁と橋台の衝突によるジョイント部分の損傷が見られないためだ。

石川県中能登農林総合事務所によると、地震時に橋桁が橋軸方向へ落下しないよう、能登半島地震の前にA2橋台の桁かかり長を延ばしていた。田中教授は「橋台部分に橋桁が引っ掛かっているような状態だ」と話す。もし桁かかり長を延伸する工事を実施していなかったら、最悪の場合落下していた恐れがある。

さらに、A2橋台側ではPCケーブルの損傷が確認された。現地を調査したインフラ・ラボ(福岡市)の松永昭吾代表取締役は「PCケーブルの緊張力を保持する定着具が損傷しており、張力が低下したと見られる」と話す。

復旧には、桁を仮受けしてジャッキアップし、橋台側のパラペットを壊してから橋桁の断面を修復する方法が考えられる。仮受けするにしても橋桁の重量を考慮すると杭を打ち込んで支える必要があるかもしれず、時間がかかりそうだ。

反対側のA1橋台では支承が欠落した(資料3)。斜張橋は主塔を軸にしてやじろべえのように動くため、鉛直方向に力が加わり鋼製支承を固定するアンカーボルトが破断したと見られる。現地では、橋台に取り付けた点検用の足場に支承が落ちていた。もう一方の支承はボルトが破断していたが欠落していなかった。

資料2■ 斜張橋と箱桁橋で構成されている

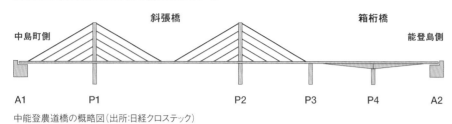

中能登農道橋の概略図(出所:日経クロステック)

資料3■ 中能登農道橋の中島町側の橋台部。支承が落下した(写真:松永 昭吾)

資料4■ 中能登農道橋のP4橋脚ではコンクリートの損傷が見られた

その他にも、P4橋脚では支承部分を覆っていると見られるコンクリートが損傷していた(資料4)。P3橋脚では基部で耐震補強用の繊維シートが破断して、かぶりコンクリートがわずかに剥落していた。

烏川大橋で支承がずれる

能登半島地震では他にも橋の被害が明らかになってきた。石川県珠洲市を通る国道249号の烏川大橋(大谷ループ橋)では、支承の部分的な損傷や変形が見られた(資料5)。橋の

東側の橋台では、ゴム支承の取り付け部のボルトが破断したものの、支承自体が破損しなかったため橋桁を支持する機能は維持している。

損傷の要因については、桁に損傷が見られないため、橋台部が移動したと考えられる。橋台の移動にゴム支承が追従できず、沓やベースプレート間を固定するボルトが破断したと見られる。

一方、西側の橋台のゴム支承は変形したが、取り付け部のボルトは破断しなかった。

京都大学大学院の高橋良和教授は烏川大橋を調査し「橋台部が設計で期待された挙動をしたのか検証が必要だ」と話す。

損傷を受けた烏川大橋の走行性について高橋教授は「緊急の輸送には使えるレベルの壊れ方」と話す。橋自体は走行できるものの、橋台の背面盛り土が崩落したことで道路としての機能を失った（**資料6**）。

能登半島地震では同様の被害を受けた橋梁が多く見られた（**資料7**）。国土交通省国土技術政策総合研究所によると東日本大震災後に実施した橋梁の緊急点検で路面段差のため通行注意と判定された橋梁のうち、橋台背面盛り土が沈下したものが約9割を占めた。

段差が大きいと車両の通行ができないため、支援物資や人員の輸送に影響を及ぼす。橋梁本体の耐震性だけでなくその周囲の地盤にも目を向ける必要がある。

資料5■ 烏川大橋の東側支承部。橋台が動き、ゴム支承の取り付け部が破断したと見られる（写真：高橋 良和）

資料6■ 烏川大橋の東側橋台背面の裏込め土が崩落した（写真：高橋 良和）

資料7■ 石川県珠洲市にある鵜飼大橋。橋との接続部に大きな段差が生じている

大規模崩落したトンネルの覆工
地滑り地形が地震動で移動した恐れ

資料1■ 覆工コンクリートが崩落した大
谷トンネル。写真奥の崩落を免れた覆
工コンクリートに左側から圧力を受けた
と見られる変状や、センターラインのず
れが確認できる（写真：国土交通省）

能登半島地震の影響を受けて被災
した国道249号の大谷トンネルで、
約100mにわたって覆工コンクリー
トが崩落していたことが、日経クロ
ステックの取材で明らかになった
（資料1）。トンネルや地盤の専門家
は地震で生じた地滑りの影響で崩落
した可能性を指摘している。

石川県珠洲市にある大谷トンネル
は、トンネル銘板によると全幅員が

9.75m、高さが4.7m、延長が782m
だ。崩落したのは南側坑口30m付近
から約130mまでの区間。国土交通
省の要請で現地を調査した土木研究
所道路技術研究グループの日下敦上
席研究員は、「覆工が圧壊してばら
ばらになって落ちている。相当危険
な状態だ」と話す（資料2）。

路面のセンターラインが軸直角方
向にずれていることも被害の特徴に

挙げた（**資料3**）。覆工コンクリートの厚さ30cmは確保されており、設計や施工に不具合があったとは見られないという。

日下上席研究員は覆工コンクリート崩落のメカニズムについて、「詳細な調査を実施してみないと分からない」と前置きしたうえで、次のように話す。「地山の動きにトンネルが追随できず応力集中が発生した可能性が考えられる」

トンネル付近は流れ盤

実は防災科学技術研究所が公開する地滑り地形の分布図によると、トンネルの南側坑口付近は滑落崖で、トンネル全長にわたり明瞭な地滑り地形に含まれる（**資料4**）。

加えて産業技術総合研究所の5万分の1地質図幅によると、現地は火砕岩やシルト岩が主に分布する。さらに地層と斜面の傾斜方向が一致する流れ盤だ。傾斜した地層が滑り台

のような役割を果たす。

国土地理院が公開した地震翌日の航空写真を見ても、大規模な土塊の移動は確認できない。ただし日下上席研究員は「山の動きとしては小さい変位であってもトンネルには大きな変状となる」と話す。

土砂災害に詳しい応用地質の上野将司社友も、崩落の原因について地滑りの可能性が高いと見る。「現地の層理面は北東・南西の走向で南東

資料2■ 一部残った覆工コンクリートも崩落の危険がある
（写真：右も砂金伸治・東京都立大学都市環境学部教授）

資料3■ 目地部分がずれた路面

資料4■ **トンネル周辺は地滑り地形だらけ**

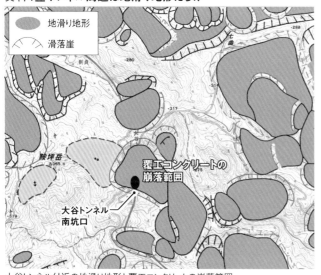

大谷トンネル付近の地滑り地形と覆工コンクリートの崩落範囲
（出所：防災科学技術研究所の資料に日経クロステックが加筆）

資料5■ **トンネルの周囲に被災跡らしきもの**

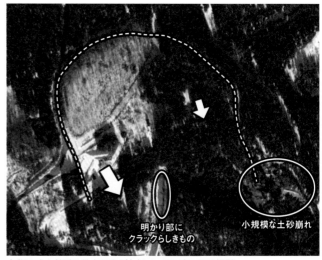

大谷トンネル付近の航空写真を拡大した。2024年1月2日撮影
（出所：国土地理院の航空写真に日経クロステックが加筆）

に23度傾斜している。急過ぎず、地滑り地形が残りやすい角度。それが地震動で動いたのでは」と指摘する。

上野社友は航空写真にも地滑りの痕跡らしきものがあると言う（資料5）。「トンネルの東側に小規模な崩壊が見られる。地滑りが起こると末端付近はこのような崩壊を起こしやすい。トンネル坑口手前の道路にもクラックらしきものが見える」（上野社友）。その上で、トンネルを含む土塊が南東に滑ったと推測する。

地滑り範囲の西側が東側より大きく動いた場合、つまりトンネルが反時計回りに地山ごと動いたと考えると、センターラインのずれも説明がつく。一部残る覆工コンクリートも、西側から押されているように見える。

別のトンネルでも覆工崩落

国道249号では他のトンネルでも覆工コンクリートが崩落した。輪島市にある中屋トンネルだ（資料6）。こちらも同様に地滑り分布図から地滑り地形の側方に位置しており、地滑りが原因で崩落した恐れがある。加えて上野社友は断層の変位も可能性として挙げる。

最大震度6強を記録した07年の能登半島地震は西北西・東南東方向に圧力軸を持つ逆断層型の地震だった。上野社友が当時推定した断層の延長上に中屋トンネルは位置する。同延長上の道路被害も複数箇所で発生しており、断層破壊との関係性もゼロとは言えない。というのも、「覆

資料6■ 覆工コンクリートが崩落した中屋トンネルの様子（写真:国土交通省）

資料7■ 俵山トンネルでは支保が座屈した（写真:鹿島・杉本建設JV）

工が大規模に崩落するのは活断層か地滑りが原因のことが多い」（上野社友）ためだ。

地震による覆工コンクリートの崩落は16年4月の熊本地震でも発生した。県道28号熊本高森線の俵山トンネルだ。複数の箇所が崩落した。最も被害が大きい箇所では地山の弱層のずれに追随できず応力集中が発生したことが原因とされている。

俵山トンネルでは、覆工コンクリートを剥がすと支保の座屈やインバートのひび割れが見られた（資料7）。昼夜施工で16年12月に復旧を完了した。

大谷トンネルや中屋トンネルの支保、インバートの被害はまだ不明だ。ただし、俵山トンネルよりも崩落規模が甚大なのは間違いない。復旧には俵山よりも時間を要しそうだ。

PART 2 構造物別被害

斜面崩壊で道路寸断や河道閉塞

崩れやすい地形と地質

POINT

▶ 急峻な地形と溶岩などが堆積してできた風化しやすい地質が多数の斜面崩壊を招いた

▶ 過去の地震と比べて規模は小さいが、河道閉塞を引き起こし、土砂ダムを発生させた

能登半島地震では、斜面崩壊と地盤変状が複数箇所で発生し道路機能に大きなダメージを与えた（資料1）。国土交通省によると2024年2月6日時点で、地震による土砂災害は石川、富山、新潟の3県で合わせて264件発生。道路の寸断に伴い、地

震後の初期段階では集落の孤立や支援の遅延を招いており、今後の復旧も長丁場となる見込みだ（資料2）。

地盤が隆起を繰り返してきた能登半島は、急峻な地形が多い。過去の地震でも盛り上がった背斜部と沈んだ向斜部の間で斜面崩壊や地滑りを起こしてきた。今回も同様の傾向が見られる（資料3）。

「地形に加えて、地質的にも崩壊しやすい条件がそろっていた」。こう話すのは、産業技術総合研究所活断層・火山研究部門の吉見雅行主任研究員だ。溶岩や火砕流が堆積した地層が隆起して形成した箇所が多いため、風化しやすく、崩れやすい。

吉見主任研究員は今回の地震に伴う土砂災害の特徴として、「小規模な土砂崩れが至る所で起こった」と話す。

道路の寸断を引き起こしたのは、

資料1■ 石川県能登町を通る宇出津第3隧道付近での斜面崩壊。トンネル坑口が閉塞した。グーグルマップで過去の写真を見ると、コンクリートで吹き付けた斜面が崩れた（写真：このページは志賀 正崇）

資料2■ 石川県能登町内浦の道路被害。基礎地盤が谷方向へ滑り、舗装に亀裂と沈下が生じた

資料4■ 地震後に天然のダム湖が出現

河原田川

■ 土砂移動痕跡
■ せき止め湖

最大湛水深：18m
最大湛水容量：6万6000m³

0　　400m

石川県輪島市市ノ瀬町で生じた河道閉塞の範囲
（出所：国土地理院、松四 雄騎）

資料3■ 能登半島北部の海岸線で崩壊した斜面（写真：国際航業、パスコ）

斜面崩壊だけではない。道路盛り土の崩落も目立った。07年に発生した能登半島沖を震源とするマグニチュード6.9の地震では、当時の能登有料道路（現、のと里山海道）で道路盛り土の崩壊が複数発生した。その多くは谷や沢を埋めた谷埋め盛り土だった。

24年の地震でも、能越自動車道などの多くの盛り土箇所で被害が見つかっている。現地を調査した長岡技術科学大学技学研究院環境社会基盤工学専攻の志賀正崇助教は「急峻な地形に道路を通すには盛り土などの土地改変が必要になる。現地の土砂を使って盛り土をするとなると、周囲と比べて弱部になる」と話す。

河道閉塞で土砂ダム形成

一方、深層崩壊のような大規模な土砂崩れも発生している。中には河川をせき止める河道閉塞を引き起こし、下流にある集落が避難を余儀なくされた（**資料4**）。石川県では奥能登を中心に14カ所で土砂ダムが発生。特に閉塞規模が大きいのは、輪島市の熊野町と市ノ瀬町に位置する2カ所だ。

京都大学防災研究所地盤災害研究部門の松四雄騎教授が空中写真などを基に分析したところ、市ノ瀬町に位置する土砂ダムは最大湛水深が約18mで、最大湛水容量が約6万6000m³と見られる。

ただし、同じ最大震度を記録した04年の新潟県中越地震で発生した土砂ダムと比べて、規模は100分の1程度だ。松四教授は「能登半島地震では土砂移動の形態が地滑りではなく崩壊が多く見られたことと、地滑りが河川の流域面積が小さい箇所で発生したことで、大規模な河道閉塞に至らなかった」と分析する。

地震から3週間がたち、河道閉塞部は流入量と流出量のバランスが取れている。水が浸透して堤体を透過したり、緩やかに越流したりしているため決壊する可能性は低そうだ。県に代わって国交省が復旧に着手しており、水路工や土砂撤去に取りかかっている。

今後は、降水や余震による崩壊に引き続き注意が必要だ。特に能登半島では積雪によって土砂ダムの表面の状態が確認しづらくなる。

松四教授は「融雪期を乗り越えるのが1つのポイント」と話す。積もった雪が気温の上昇とともに溶け出し、流量が増え危険が増すためだ。

近年、航空レーザーの発展や普及で解像度の高い地形データを入手できるようになった。今回の地震を受け、大規模な地震動で道路寸断や河道閉塞を引き起こしやすい斜面を、事前に評価する研究がさらに加速しそうだ。

水道の「耐震管」に被害

配水池の損傷などで長期断水へ

資料1■ 石川県輪島市の地原浄水場から水を送る口径300mmの送水管の接合部が外れた。横浜市水道局の応援職員が撮影（写真：横浜市）

能登半島地震では、水道管路の抜けや破断、浄水場の機能停止などの被害が報告されており、断水が長期化している（資料1、2）。

ライフラインの地震被害に詳しい宮島昌克・金沢大学名誉教授は、「地震動が極めて強く、道路の陥没・隆起や斜面崩壊など地盤災害が多発した。地盤被害が深刻だと、耐震化していても管路の損傷などを防ぎきれない恐れがある」と指摘する。

例えば、輪島市では河川から水を送る導水管などの損傷により、2つの主要浄水場へ原水が届かなくなった。加えて、道路陥没に伴い、輪島浄水場と配水池とをつなぐ管路で約

資料2■ 仮復旧が4月以降になる市も

珠洲市
約4800戸
→2月末から順次仮復旧。
　遅い地域では4月以降

輪島市
約1万戸
→2月末から3月末までに
　仮復旧

能登町
約5800戸
→2月末から3月末までに
　仮復旧

穴水町
約3200戸
→2月末から3月末に仮復旧

志賀町
約7000戸
→2月末までに仮復旧
　（一部地区は3月末）

七尾市
約1万7100戸
→3月末までに仮復旧
　（一部地区は4月以降）

ほぼ全域が断水している市町の2024年1月21日時点での断水戸数と、仮復旧時期の見通し（出所：石川県）

資料3■ 損傷した道路。輪島浄水場と近くの配水池をつなぐ口径400mmの送水管などが埋設されている（写真：日本ダクタイル鉄管協会）

POINT

▶浄水場のコンクリート構造物・配水池が損傷して水をためられず。別系統との水融通は難しく断水が長期化

▶非耐震管や耐震適合管を中心に、抜け出し防止機能を持つ耐震管でも被害発生

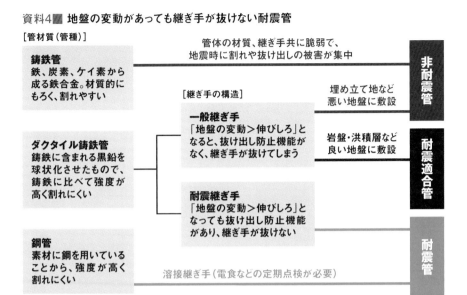

資料4 ■ 地盤の変動があっても継ぎ手が抜けない耐震管

[管材質（管種）]

鋳鉄管
鉄、炭素、ケイ素から成る鉄合金。材質的にもろく、割れやすい

ダクタイル鋳鉄管
鋳鉄に含まれる黒鉛を球状化させたもので、鋳鉄に比べて強度が高く割れにくい

鋼管
素材に鋼を用いていることから、強度が高く割れにくい

管体の材質、継ぎ手共に脆弱で、地震時に割れや抜け出しの被害が集中 → **非耐震管**

[継ぎ手の構造]

一般継ぎ手
「地盤の変動＞伸びしろ」となると、抜け出し防止機能がなく、継ぎ手が抜けてしまう

埋め立て地など悪い地盤に敷設 → **耐震適合管**
岩盤・洪積層など良い地盤に敷設

耐震継ぎ手
「地盤の変動＞伸びしろ」となっても抜け出し防止機能があり、継ぎ手が抜けない → **耐震管**

溶接継ぎ手（電食などの定期点検が必要）

非耐震管と耐震適合管、耐震管の比較（出所:大阪市の資料を基に日経クロステックが作成）

資料5 ■ 宝立浄水場の被害状況。ろ過池と沈殿池を接続するコンクリート構造物に亀裂が入り、一部が落下（写真:名古屋市）

300mにわたり被害が生じた（**資料3**）。同市上下水道局によると、継ぎ手に抜け出し防止機能を持つ「耐震管」の初期型だった。

一方で、優れた耐食塗装を施した最新型の耐震管の被害は1月19日時点で見つかっていない。ただし、管の本体の損傷ではなく、接合部が外れていたので、最新型でも被害を抑えられなかった可能性がある。

輪島市上下水道局によれば、被害の多くは抜け出し防止機能を持たない「非耐震管」だ。同機能がなくても、周辺の地盤の性状を勘案して耐震性があると評価する「耐震適合管」でも被害が確認されている（**資料4**）。

2010年以降の耐震管は損傷未確認

半島中央部に位置する七尾市でも、1月末時点でほぼ全域が断水している。ここでは地震の影響を受け、1973〜86年にかけて整備した送水

管が一部破損した。一方、2010年から取り組んできた送水管の複線化によって、新たに整備した耐震管では損傷が確認されていないという。

導水管や送水管といった水供給に重要な基幹管路のうち、耐震適合性のある管路の割合（耐震適合率）は、全国平均で41.2%。石川県は36.8%と平均よりも低い。数値には耐震適合管を含むので、耐震管の割合はさらに低くなる。基幹管路の耐震化が石川県でどの程度進んでいたのかは、今後、検証が必要だ。

珠洲市内にある宝立浄水場では、管路以外も被害を受けた。整備年度が古いろ過池と沈殿池を接続するコンクリート構造物に亀裂が入り、水をためられなくなった（**資料5**）。

日本水道協会の災害協定に基づき、珠洲市の復旧に協力する名古屋市上下水道局水道計画課の高倉俊夫課長は、「地震動によって主要な浄

水場のコンクリート構造物が著しく損傷して、浄水機能が喪失したのは珍しい。阪神大震災でも見られなかった」と指摘する。

輪島市ではステンレス製の配水池が損傷した。地震動でタンク内の水が揺れ動き、施設を破壊する「スロッシング」などが生じた可能性がある。同市上下水道局の登岸浩局長は、「本復旧時には基幹管路に加え、浄水場や配水池など水供給上の主要施設の耐震化を優先する必要があるのではないか」と話す。

各被災事業体では、迅速な応急復旧に向け知恵を絞る（**資料6**）。輪島市では送水管や配水池の復旧に時間がかかるので、浄水池から配水本管などへ直接接続するバイパス管の仮設工事を実施。復旧を支援する東京都水道局配水課の安孫子昌弘課長は、「漏水調査ができるように、まずは管内を水が流れる状態に持ってい

くことが最優先事項だ」と話す。

七尾市などを除く大半の地域は、県による用水供給事業で整備したバイパス管を使い送水ルートを変えられたため、早期復旧できた。一方、奥能登は集落ごとに配水区域が分かれていることが多く、バイパス管での送水ルート変更や、連絡管による配水区域間での水の融通は困難だ。

宮島名誉教授は再発防止策について、「井戸水を活用できるようにするなど、自己水源を複数持てるような施設設計が重要だ」と指摘する。県の用水供給を奥能登地方に延長することも有効だという。

資料6■ 珠洲市では導水管の復旧を急ぐため、地上に仮設配管する工事を実施（写真：名古屋市）

国交省初の水道復旧支援で早くも成果

能登半島地震は、国土交通省が水道の復旧支援へ本格関与する初の事例となった（**資料7**）。2024年4月に厚生労働省から水道行政の移管を受けることを見据えての対応だ。

同省下水道事業課の岸田秀企画専門官は「正月三が日明けすぐに、水道の復旧を支援するようにとの指示を受けた。当初は驚きに加えて戸惑いが大きかった」と振り返る。

支援貢献について日本水道協会と相談した結果、「前面に立つのではなく、被災事業体と支援事業体が抱える国交省への要望を把握するよう努めることを決めた」（岸田企画専門官）。

現場で集めた要望は、政府の現地災害対策本部にいる本省職員へ一元化。これまでも被災事業体などから対策本部への要望はあったが、間に他の機関を挟むため、省内の対応部門へと正確に取り次げない恐れがあったという。「現場が上げた水道の要望を正確に共有できるようになったのは、大きな変化だ」と岸田企画専門官は話す。

一方で、浄水場のコンクリート構造物や取水施設など国交省所管の土木インフラとの関係が深い内容については、積極的に関与するようにした。例えば、対策本部の道路部局職員との連携で、浄水場に至る道路の啓開を優先的に実施。下水道企画課の岩渕光生課長補佐は、「早い段階で事業体職員とともに現場に入り被害状況を確認でき、浄水機能の早期復旧につなげられた」と話す。

今後の復旧でもメリットがありそうだ。「上下水道の一体的な復旧に向けた計画作成などを支援できるのではないかと考えている。例えば、市役所や避難所など重要度の高い箇所への送水管と、そこで使用した水の処理管を、並行して復旧する計画を立てることが挙げられる」（岩渕課長補佐）

国交省は24年度、移管を機に水道施設の災害対策をさらに進める。財政・技術支援に取り組んでいくため、新たな補助制度として「上下水道一体効率化・基盤強化推進事業」を開始。上下水道一体での耐震化計画の策定費用などを補助する方針だ。

資料7■ 国土交通省が保有する専用車による給水支援の様子。日本水道協会と自衛隊との間で給水車派遣の調整を初めて実施した（写真：国土交通省）

地元建設会社社員が語る地震直後

すぐに復旧へ関われず「申し訳ない」

地震から1カ月。壊滅的被害を受けた石川県輪島市の復旧作業には市外や県外から集まった建設会社だけでなく、被災した地元建設会社も徐々に携わり始めている。2024年1月10日から復帰した里谷組（輪島市）に地震直後を振り返ってもらった。

同社営業企画部の里谷光蔵氏は1月1日午後4時ごろ、県から請け負っていた凍結防止剤散布業務の関係で、自動車で自宅から会社に向かっていた。里谷氏が会社前に着いた直後、最大震度7の地震が発生した。

同社社屋や倉庫は倒壊を免れたが、自宅の状態を確認するために市街地に戻った里谷氏の目の前には、変わり果てた街の姿が広がっていた。里谷氏は「約2分間の激しい揺れで建物は倒壊し、道路は亀裂だらけ。信じられないほど壊滅的な状況だった」と振り返る（資料1）。

崩れ落ちた屋根瓦が直撃して負傷した住人を病院に運ぶなど、救助活動に当たった里谷氏が自宅の様子を確認し、会社に戻ったのは午後11時過ぎ。当日は車内で仮眠を取った。

翌朝、携帯を見ると通信障害の影響で誰とも連絡が取れないことに気付いた。「建設会社として街のために何かしたかったが、1人ではどうしようもなかった」（里谷氏）。何もできない悔しさを抱えていたところ、「被災地で重機の盗難があった」と人づてに聞き、1月3日から盗難防止のために電気が通っていない会社で待機するしかできなかった。

里谷氏は「できることなら、地震直後から作業を開始したかった。しかし、従業員全員の安否を確認できず、実際に作業できる態勢を整えられるか分からない状態だったため、作業を請けられないという葛藤があった。地震の翌日には作業を開始している会社もあったので、申し訳ない、やるせない思いでいっぱいだった」と悲しげな表情を浮かべる。

通信が復旧し、7日にはほとんどの従業員の安全を確認できたこともあり、10日から復旧作業に当たった。自宅が倒壊したり、全焼したりした従業員がいるなかでも作業を開始したのは、「土木に関わる者として、今できることを何かしたい」という思いが強かったからだ（資料2）。

作業に当たっている従業員のなかには、市内の避難所や、電気・水道が使えない自宅から現場に通う人もいる。「『地元のためにできることがあれば何でもしたい』と、金沢市に避難した従業員も駆けつけてくれた」（里谷氏）

砕石不足で作業が止まる

里谷組が作業を開始できたもう1つの要因として、里谷氏は「市外の

資料1■ 里谷組営業企画部の里谷光蔵氏。同社は中心市街地の東側を流れる塚田川の河口近くに本社を構える。市の土木工事を中心に一部、建築工事も請け負う。売上高は約7億円だ。取材は2024年1月29日に同社で実施した（写真：日経クロステック）

建設会社が復旧作業を迅速に行ってくれたことも大きかった」と話す（資料3）。地震の影響で輪島市内では、複数箇所で土砂崩れや道路陥没が発生。車両が通行できず、孤立する集落も多数あった。

里谷氏は、「当社の重機の一部は震災前に作業をしていた市東側の現場に置いてあった。取りに行こうとしたが、道路が寸断されていたので移動できなかった」と話す。

しかし、県内の建設会社を中心に、大手建設会社や道路舗装会社などが迅速に緊急復旧作業に乗り出し、一部ではあるが車両が通行できる状態にまで復旧したため、里谷組は重機を本社に移動させることができた。

「すごいスピード感で復旧作業が進んだと感じている。震災直後は輪島市内から金沢市まで7時間以上かかっていたが、今は3時間程度で行き来できる。正直、市内の建設会社だけではこの早さで作業できず、ここまで復旧するのに2カ月程度かかっていたのではないか」（里谷氏）

復旧作業が進む一方で、被災地では新たな問題が発生している。道路復旧に必要な砕石の不足だ。搬出先に優先順位がないため、砕石の集積場所には長蛇の列ができているという。「並んだ順番に砕石を持っていくので、作業に必要な量を確保できないことがあり、実際に作業が止まった日もあった」（里谷氏）

これからさらなる課題が待ち受けている。輪島市の復興だ。人口約2

資料2■里谷組が取り組む道路復旧作業の様子（写真：里谷組）

資料3■日本海沿岸の道路復旧工事を進める熊谷組。2024年1月29日撮影（写真：日経クロステック）

万3000人のうち、大半が市外に避難している。加えて、地震の影響で地盤が隆起したため漁師は全く仕事ができない。こうした状況のなか里谷氏は「本当に光が見えない。こうなったら自分たちで街を1からつくり直すしかない」と力強く語る。

「街を元の姿に直すだけでは人は戻ってこない。地元で働く私たちがこれから街の姿を明確に示して、再生に取り組んでいかなければいけない。そのなかで、自分たちの仕事をつくっていく必要がある。10年、20年後に街を訪れた人に『こんな街になったのか』と言ってもらえるように頑張っていきたい」（里谷氏）

初動の鍵は"奥能登外"の建設会社

発災翌日から啓開に挑む

真柄 卓司（まがら・たかし）　石川県建設業協会常任理事
1972年生まれ。97年に大林組入社後、2002年3月に退職。同年4月に真柄建設へ入社し、専務などを経て17年6月から代表取締役社長（画像：日経クロステック）

被災後すぐに道路の緊急復旧を精力的に担ったのが、被害の大きかった奥能登から少し離れ、比較的被害の少なかった金沢市以南の建設会社だ。石川県建設業協会の真柄卓司常任理事（真柄建設社長）に初動時からの動きをオンラインで聞いた。

――どのような体制で緊急復旧に当たっているのか。

（インタビューを受けた）1月10日現在、車両が道路を緊急通行できるよう、土砂の撤去や路面の補修などを手掛ける「啓開作業」に取り組んでいる（資料1）。作業に臨んでいるのは、主に金沢市以南の建設会社だ。災害協定に基づき、石川県の要請で県建設業協会が加盟各社へ作業を指示している。

重機のオペレーターや補助作業者など3、4人が1班となり、10日には12班を送り出している。3日には4班、翌日の4日には8班と徐々に数を増やした。10日までに啓開に携わったのは、金沢市内に本社がある会社だけで25社程度に及ぶ。

――道路の復旧状況はどうか。

復旧体制を拡大できたことが奏功し、4日には主要道路の啓開作業が進み、寸断されていた半島北部への

資料1■ 2024年1月2日の啓開作業の様子（写真：次ページも石川県建設業協会）

アクセスを回復できた（**資料2**）。大型車両の通行が可能になり、支援活動の本格化につながった。

10日時点で、道路の復旧が進む内陸部から沿岸部へと"くしの歯状"に啓開の範囲を広げている。片側1車線でも構わないので、まずは通行可能なエリアの拡大を優先している。

幹線以外の道路の緊急復旧は、主に市町村の要請を受けた地元の建設会社が担っていると見込まれる。各社被災しているので、限られた人員が不眠不休で作業しているようだ。

10日になりようやく社員全員の安否を確認できた会社があるとも聞く。

一方で、被害が軽微な地域では地元道路の緊急復旧が終わり、他地域の支援に回る会社も出てきた。

能登空港を前線基地に

──発災当初の対応を教えてほしい。

私が社長を務める真柄建設（金沢市）では1日の地震発生後、BCP（事業継続計画）に基づき、スマートフォンのアプリを使って社員の安否確認を実施。その日のうちに社員全員の

無事を確認できた。

翌朝、役員の召集がかかり県建設業協会に赴いたところ、県から協会に対して道路啓開の要請があった。主要道路で多くの土砂崩れの被害が生じているということだったが、まだこの時点では被害の全容は分かっていなかった（**資料3**）。

そこで、2日昼には第1陣となる重機1台を積んだダンプトラックが金沢市内を出発。しかし、想定以上に道路が損傷していた。ダンプが乗り越えられない段差が多数あり、その都度重機を降ろして土をならすなどの対応が必要だった。

そのため、目的地の輪島市門前町に到着したのが、午後11時を過ぎてしまった。道路が約300mにわたって著しく損傷しており、今日、明日で対処できる状況ではなかったの

資料2■ 発災後1週間で7ルートを確保

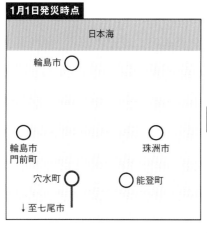

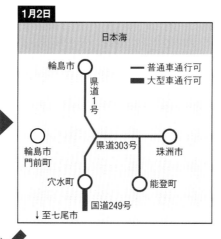

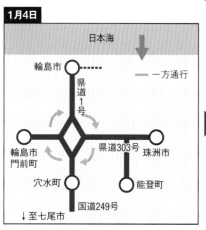

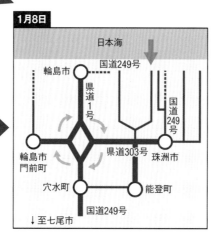

能登半島内の道路緊急復旧の進捗（出所：国土交通省）

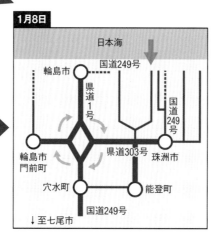

資料3■ 珠洲市の大谷狼煙飯田線へ向かう国道の被害状況

で、周辺部の道路の復旧に取り組むこととした。

──作業の拠点は。

携帯電話の電波がつながることも考慮して、半島北部にある能登空港（のと里山空港）を前線基地とした。能登空港では寝泊まりできる場所を一部確保してもらったが、基本的に現場付近で車中泊している。空港への行き帰りで時間がかかるためだ。

加えて、被災地へ迷惑をかけないように、食料や燃料を自前で調達している。ただし、そのような過酷な状況なので、連続で働けるのは3日間が限度だ。3日間のローテーションで各社やり繰りしている。

──緊急復旧作業で困ったことは。

発災日が元日でなければ、もう少し早く復旧を進められたはずだ。復旧に必要な資機材を調達する会社など

と連絡が取れなかった。重機の稼働に必要な燃料の確保も困難だった。

さらに、啓開作業を進める上で問題となったのは道路の損傷に加え、半島北部に至る道路での交通量の多さだ（**資料4**）。金沢市内から能登空港までは平時だと約1時間で着くのだが、3日には約6時間を要した。往復の移動が長時間に及び、作業が思うように進まない状況に陥った。

そこで、主要道路の一部区間で一般車両の交通規制を関係機関に要請した。こうした規制と道路の復旧が進んだことで、10日時点では金沢市内から能登空港までの所要時間を約3時間まで短縮できている。

衛星電話3台を確保

道路では、パンクなどに伴う一般車両の乗り捨ても交通の大きな阻害

要因となっている。レッカー車の手配などが間に合っていない。災害時には、乗り捨て行為は仕方がない面があるものの、対策を考えていく必要があると感じた。

半島北部で発災当初から携帯の電波がつながりにくい状況が続いていることも問題だ。復旧作業の際に外部との連絡が必要になると、その都度電波が通じる能登空港の近くまで戻らなければならなかった。ただし5日には、県建設業協会で衛星電話を3台確保できたため、連絡時に空港へわざわざ戻る必要がなくなり時間の大幅な短縮につなげられた。

──今後の活動予定は。

道路では特に、地割れや段差などの被害が深刻だ。その埋め戻しに必要となる砕石が不足している。そこで、県内各地から約2万m³の砕石を集めて輸送する予定だ。ただしダンプトラックだと5m³程度しか積めない。海から運ぶ手も考えているが、海岸が一部隆起したり、港湾施設が破損したりして難しそうだ。何とか効率的に輸送できる方法がないか知恵を絞っている。

──建設会社の活躍が、あまり世間に知られていないことをどう思うか。

被災した道路を初めに切り開いているのは地元建設会社だ。誰も文句を言わずに全員が頑張っている。本当に頭が下がる思いだ。その頑張りをより多くの人に知ってもらえたら、不眠不休で復旧に当たっている現場の大きな励みとなる。

資料4■ 能登半島北部に至る主要道路で発生している渋滞。2024年1月5日に撮影（写真：日経クロステック）

大手建コンがリレー式で被災調査

技術者不足の能登町を助ける

地震の初動対応では建設会社の陰に隠れがちだが、建設コンサルタント会社も発災直後から自治体の要請で技術支援に乗り出している。大手を中心に複数社が「リレー式」でインフラの被害調査などに当たった。1つの市町村に対して大手建設コンサル総出での調査は初だという。

石川県能登町は2024年1月3日、インフラのアセットマネジメントの普及・発展を目指す会社・自治体などが加盟する「日本アセットマネジメント協会（JAAM）」との災害協定に基づき、支援要請を出した。同町には土木技術職員が数人しかおらず、被害調査に人員を回せる余力がな

かったためだ。地元の建設会社への道路啓開の指示や、避難所の運営などに手いっぱいとなっていた。

JAAMは同町との21年11月の協定締結を機に、加盟各社の技術者を派遣してインフラの調査を定期的に手掛け、町職員との信頼関係を築いてきた。そのため、発災後に町と連絡が取れるようになった1月2日早朝には町の担当職員とJAAMの戸谷有一理事で、支援に向けた調整を実施。7日には現地での活動を開始した（資料1）。

戸谷理事は、「平時からコミュニケーションを継続していたことが奏功した」と話す。

現地調査では、町道の主要路線の被災状況の記録から始めた。第一陣のオリエンタルコンサルタンツは記録用に、同社のグループ会社が開発した地図情報クラウドサービス「SOCOCA（ソコカ）」を利用（資料2）。位置情報を踏まえてクラウド上に被害と対応状況をデータベース化するシステムだ。SOCOCAがあれば町職員は庁舎にいながら被害状況が分かる。

特筆すべきは、第二陣以降の会社もシステムをSOCOCAに一本化した点だ。異なる会社間で情報を登

道路・橋梁	上下水道
・日本工営	・長大
・オリエンタルコンサルタンツ	・柿本商会
・八千代エンジニヤリング	
・大日本ダイヤコンサルタント	衛星画像
・パシフィックコンサルタンツ	・パスコ
・建設技術研究所	

資料1 建設コンサルタント会社による現地調査の様子。左の2人は大日本ダイヤコンサルタントの社員（写真：大日本ダイヤコンサルタント）

資料2 被害と対応状況をデータベース化

石川県能登町でのSOCOCA活用イメージ（出所：オリエンタルコンサルタンツ）

資料4■ パシフィックコンサルタンツが確認した「ふる里きりこ橋」の支承部被害（写真：パシフィックコンサルタンツ）

資料3■ 地元住民が注意喚起のために、主要ではない町道の陥没箇所の前後に設置したと見られるビールケース（写真：パシフィックコンサルタンツ）

資料5■ 石川県能登町の避難所に設置したA.Qトイレ。箱形のユニット製で頑丈だ（写真：長大）

録・共有できるようにした。

SOCOCAでは、被害箇所へ通行止め用のカラーコーンを設置するなどした対応状況も登録できる。当初は町が通行止めの対応をほとんどできておらず、調査先にたどり着けないことが多かったという。

SOCOCAに通行止めの情報を反映した後も、電力関係の復旧工事と鉢合わせするなどして、調査を中止せざるを得ないことが多々あった。「復旧を担う様々な工事関係者と情報連携できる仕組みがあったらよいと感じた」。八千代エンジニヤリング技術管理本部DX推進室の畑浩太室長はこう語る。

ポールカメラで橋梁の損傷発見も

地元住民との間でも情報連携の重要性を実感することになった。道路陥没では地元住民自ら注意喚起している箇所が複数あったものの、道路の距離が長く、町で記録するのに対応しきれなかったという（資料3）。パシフィックコンサルタンツ交通基盤事業本部の福澤伸彦室長は「地元住民が被害状況を登録できるシステムが必要だ」と考える。

1月中旬以降には調査対象を橋梁まで拡大し、町が気づけなかった被害を多数見つけた（資料4）。例えば、建設技術研究所は橋梁点検用のポールカメラを使用し、橋の支承部の損傷を明らかにした。橋面からの近接目視では、支承部が死角となり、損傷に気づけなかったという。

道路や橋梁以外に、上下水道の被害調査や応急対応なども担った。環境エンジニアリングを得意とする柿本商会（金沢市）は浄水場などの被害状況を調査。浄水場の施設に倒壊の恐れがあると分かり、町に対して別の施設から水を送るための仮設配管を敷設するようアドバイスした。

一風変わった支援を手掛けるのは、グループ会社と共同開発した「A.Qトイレ」4基を町内の避難所に無償提供した長大だ（資料5）。生物処理で汚水を浄化し、洗浄水として再利用できる装置を備える。汚泥の処分が不要で、臭気を抑えられる。ウォシュレットなどが使用できるため、「自宅と同じ環境だ」と被災者から好評を得ているという。

実はこうした各社の活動はボランティアだ。JAAMの戸谷理事は、「技術者は職場に戻ったら、現場の状況を積極的に共有して、今後本格化する災害査定などの本来業務の提案に大いに生かしてほしい」と強調する。

72時間内の道路啓開を検証

能登半島地震で見えた成果と課題

道路の緊急復旧（啓開）がうまくいかなかった──。国土交通省や石川県をこう批判する報道が目立つが、実際はどうだったのか。生存確率が著しく下がる発災後72時間内の啓開態勢や事前準備について、国や県、地元建設会社の担当者、専門家の話を基に検証する。

　人命救助では72時間内に救出できなければ生存率が大きく低下するため、自衛隊や消防の救援ルートをいかに確保するかが重要になる（資料1）。能登半島地震での「発災後72時間」の啓開態勢はどうだったのか。石川県がホームページで公開してい

た情報などを基に振り返りたい。

　まず発災から約29時間後の1月2日午後9時30分の時点で、輪島市や珠洲市の自治体庁舎など重要拠点につながる道路啓開を完了。この時点では普通車の走行に限られたが、発災から46時間後の4日午後2時には同ルートの大型車両の通行も可能になった。

　道路啓開の進捗に併せて、救助隊も奥能登へアクセスできるようになった。総務省消防庁の広域応援室は、「発災当日に近隣府県へ派遣を指示した緊急消防援助隊は約2000人。72時間内に珠洲市や輪島市など半島北部で活動できた数は約1800

人に上る」としている（資料2）。

　続いて啓開の具体的なやり取りを見ていこう。初めに押さえておきたいのが、道路の管理者についてだ。啓開した道路の資料などを見ると、「国交省対応」の区間が多いため錯覚してしまいがちだが、実は奥能登には国管理の道路がほとんどない。国道249号は補助国道で県管理。他にも県や市町の管理道路が多かった。

　県は被害の甚大さから、早々に国へ協力を求めた。発災翌日の1月2日に要請して、その日のうちに北陸地方整備局が作業に着手した。国交省道路局によると、1998年に北陸地整が石川県を含む管内の県・高速道路会社と申し合わせをして、補助国道などの啓開を担えるようにしていた。

　県道路整備課と北陸地整道路部の担当者によると、発災当日、県に派遣された北陸地整のリエゾン（連絡員）と県で被害状況を共有。県の担当者は「県だけでは対応しきれない被害の大きさだったので、担当者レベルで決めた」と話す。

　「元日の夕方にもかかわらず、多くの職員が金沢河川国道事務所などへ参集し、県管理の道路の被害調査に向けて同日中に奥能登への移動を始

資料1 ■ 石川県輪島市内での道路啓開作業の様子。2024年1月6日撮影（写真：日経クロステック）

めた」と北陸地整の担当者は振り返る。この立ち上がりの早さが急な県の要請にも対応できた可能性が高い。

東日本大震災と単純比較できない

災害協定に基づき、北陸地整は日本建設業連合会に加盟する大手建設会社に、県は県建設業協会に加盟する地元建設会社に作業をそれぞれ依頼。国と県、自衛隊の担当者が一堂に会し、重要拠点へのルートを設定して優先的に啓開する方針を決めた。大手や地方建設会社が担当する啓開範囲も割り振ったという（**資料3**）。

交通リスク管理に詳しい呉工業高等専門学校の神田佑亮教授は、「厳しい条件下で最大震度7の揺れが

襲った。国や県は最大限やれることはやったように感じる」と評価する。厳しい条件とは、1つ目が元日の発災だったことだ。啓開に携わった地元建設会社によれば、作業に不可欠な重機のリース会社などと連絡がなかなか取れなかった。

2つ目は、山地が多い地形条件だ。山を切り開いて造った道路が多く、土砂災害が起こると即座に影響を受けやすい。大きな幹線道路はほぼ整備されておらず、バイパスも少なかった。2車線や狭い幅員など脆弱な道路構造が大半を占めていた。

交通計画に詳しい政策研究大学院大学の日比野直彦教授は「東日本大震災の"くしの歯"作戦と単純に比

較して『啓開が遅い』という意見を耳にするが、被害の様相が異なる点に配慮しないといけない。今回は直下型地震で道路構造物の被害が大きい」と指摘する。津波被害に伴うがれき撤去が多かった東日本大震災と比べ、陥没の埋め戻しなどが必要で作業時間がかかる（**資料4**）。

また震災では内陸の幹線道路の被害が軽微だったため、沿岸部へ複数の道路から啓開できた点も大きかった。今回の地震では幹線道路から緊急復旧する必要があり、人海戦術を取れなかった可能性がある。

大手と地元で技能者の奪い合いも

一方、今回の道路啓開に課題がなかったわけではない。例えば、全国の地整のうち北陸地整と東北地整が

資料2▉ 石川県珠洲市内での救援活動の様子。2024年1月6日に撮影
（写真：日経クロステック）

資料4▉ 仙台市内での啓開作業の様子。重機でがれきを撤去している。2011年3月12日撮影（写真：国土交通省）

資料3▉ 発災後24時間では輪島市の作業中

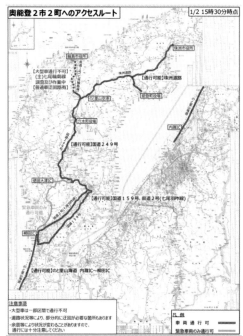

奥能登2市2町への啓開ルート。2024年1月2日午後3時30分時点
（出所：石川県）

管内の道路啓開計画を未整備だった。23年4月に計画作成を求める総務省の勧告を受け、北陸地整は作成に向け協議会の設立準備を進めていたが、間に合わなかった（**資料5**）。

石川県はというと車両や樹木の撤去方法などを記した道路啓開マニュアルを作成していたものの、道路啓開計画は未整備だった（**資料6**）。

道路啓開計画では、優先的に切り開くルートや時間、発災後の実施体制を決めておくことになる。計画の有無が初動態勢にどう影響したかは今後の検証が必要だが、計画があるに越したことはない。

加えて、国の啓開協力についても事前の調整が十分だったか疑問だ。県道路整備課の担当者によると、協力を想定した計画作成や、国との打ち合わせなどを事前に実施できていなかったことが分かっている。

一般的に、1つの自治体で震度7クラスの地震はそう起こらないため、緊急復旧ノウハウは蓄積されない。一方で、国は08年に緊急災害対策派遣隊（TEC-FORCE）を立ち上げ、全国の災害支援を実施してきた。「国交省は災害対応のノウハウを持っている。国が緊急復旧を協力するシナリオも今後検討すべきだ」と呉高専の神田教授は語る。

ただし協力を予定しておくだけでは不十分だ。特に、国の出張所がほとんどない地域では、地元建設会社との接点がなく、信頼関係を醸成できていないケースがある。そんなな

資料5■ 道路啓開計画の作成推進を勧告されていた

調査結果のポイント	主な勧告事項
調査道路啓開計画の策定 ● 地方整備局が主体となって関係機関による協議を行い、計画づくりを進め、啓開ルートなどの方針が明確になっている地域か否かで、自治体における計画策定の進捗に差が出ている **民間事業者を活用した人員・資機材の確保** ● 災害時には協定に基づく建設業やレッカー業など民間事業者の協力が不可欠であるが、道路管理者では民間事業者から提供を受けられる人員・資機材量を把握していないことから、道路啓開に必要な人員・資機材量を確保できない恐れ	● 地方整備局などが主体となって協議会を設置するとともに、協議を通じ、道路啓開計画の策定などの備えを推進すること ● 協議会などの場を活用して情報提供などを行うことにより、道路管理者が協定締結先民間事業者などにおける災害発生時に対応可能な人員・資機材を把握し、不足分の対応の検討を含めた人員・資機材の確保を行うよう取り組みを促すこと

2023年4月に総務省が出した道路啓開計画の作成を求める勧告の内容（出所：総務省）

資料6■ 石川県と石川県建設業協会などによる防災訓練の様子。道路啓開時の車両や樹木の撤去を想定している。定期的に開催して、道路啓開マニュアルに基づく対応力を高めている（写真：石川県）

かいきなり国が乗り出してもうまく機能しない恐れがある。実は能登半島地震でも混乱した現場があったようだ。現場に大手と地元が入り混じり、技能者の奪い合いや、現場で両者が鉢合わせして片方が引き返すといった事態が生じていたという。

そのため、災害時を想定して平時から、地方整備局や自治体、民間企業が定期的に話し合える場を用意しておくことが重要だ。

緊急復旧の円滑化以外に、被害を減らす手段も検討していかなければならない。「人口減少など財政的な制約があるものの、幹線道路のうち重要拠点につながる路線などは、優先して高規格化する必要がある」（政策研究大学院大学の日比野教授）

今回の地震では、県が設定している第1次緊急輸送道路の多くは、発災後72時間内に切り開けなかった。緊急輸送道路の見直しに加え、地震動で被害を受けづらい規格への更新も視野に入れる必要がある。

「海岸線隆起」でどうなる漁港復興

東日本大震災にはなかった問題

能登半島地震で生じた海岸線隆起は漁港の機能を奪った。能登半島北西部にある鹿磯漁港（石川県輪島市）では、隆起が最大約4mに及んだ。どう復興すべきか。2011年の東日本大震災にはなかった新たな困難が立ちはだかる。

　能登半島を襲った地震によって石川県志賀町から珠洲市にかけて北側海域の地盤が大きく隆起した（**資料1**）。地震で能登半島北部沿岸の北東―南西方向に延びる約150kmの逆断層がずれたためだ。国土地理院の解析によると、輪島市西部では変動高さが最大約4m、珠洲市北部では最大約2mだ（**資料2**）。

能登半島は隆起を繰り返して形成されてきた。今回の隆起は数千年に1度の規模だという。

　能登半島西部から北西部にかけて現地調査に訪れた金沢大学人間社会研究域地域創造学系の青木賢人准教授は「漁港の被害にはグラデーションがある」と話す。鹿磯のように海底が露出するほど隆起した漁港もあれば、剱地のように隆起が1.3m程度で露出していない漁港もある。ただ

し露出していないからといっても、喫水が足りなければ、漁港として機能しなくなる。

　さらに漁港だけでなく付近の海底全体が隆起しているので、航路だった箇所に岩礁がある可能性も否定できない。その点では奥能登に位置する多くの漁港が機能停止に追い込まれている。

　2011年の東日本大震災では多くの港湾施設を津波が破壊した他、地殻変動に伴う地盤沈下が生じた。復旧工事では、船が離着岸する係留施設のかさ上げなどで対応した。

　能登半島地震からの漁港復旧では、隆起という新たな問題に対処しなければならず、現地復旧ができた震災と状況が全く異なる。

　東日本大震災で被害を受けた漁村の復興に携わった漁村計画（東京・世田谷）の富田宏代表は主な復旧案として（1）既存の漁港内に航路を開削する（2）既存の漁港の沖に桟橋を新設する（3）既存の漁港の沖に船揚げ場を整備する（4）既存の漁港の沖に漁港を新設する――の4つを候補に挙げる（**資料3**）。

　桟橋、船揚げ場の新設や航路の最低限の開削は元の漁港に比べて機能が制限される。他方、沖に漁港を新

資料1■ 地盤が約4m隆起した鹿磯漁港（写真：青木 賢人）

資料2▮ 能登半島の北側が隆起

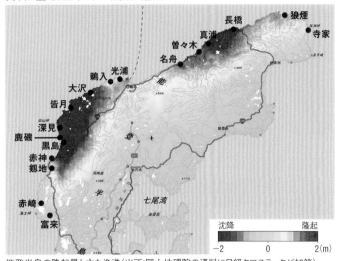

能登半島の隆起量と主な漁港（出所：国土地理院の資料に日経クロステックが加筆）

資料3▮ 隆起した港の復旧イメージ

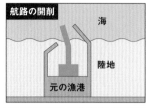
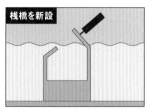
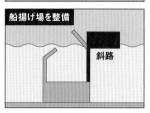
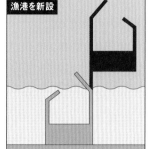

（出所：取材を基に日経クロステックが作成）

資料4▮ 石川県輪島市の光浦漁港。隆起で船揚げ場が海面より上昇した（写真：日経クロステック）

設するのは費用も時間もかかる。漁港の状態に合わせた復旧方法を考えなければならない。

また、隆起した地形が漁港に適しているかを考慮する必要もある。波や風がおだやかな場所に漁港は根付いてきた。隆起によって環境が変化すれば漁港として適さないかもしれない。そうなれば復旧以前に漁港の存続に関わる問題だ。

場合によっては良港となりそうな地形を新たに探すか、複数の漁港を集約する手を考えなければならない。

住民主体の復興を

奥能登では過疎化と高齢化が進んでいる。20年の国勢調査では65歳以上の人口の割合は全国平均の28.6%に比べて、奥能登では48.9%と半数に近い。東日本大震災では漁業を退く従事者が相次ぎ、漁師の減少に拍車をかけた。奥能登でも同様のことが起こり得る。

少子高齢化が進む地域でどの程度まで港を復旧させるのか。青木准教授は「工学的に復旧が可能かという議論と、社会経済的にどうやって港を復旧させるのが良いのかという議論を同時に進めなければならない」と話す（資料4）。

漁師の数や年齢、水揚げ量などのデータを整理して、将来の漁港・漁村の状態を推定し、現実的な復興のビジョンを描かなければならない。全国の漁船が停泊する避難港としての漁港もあるため、石川県以外の漁

船の動向にも目を向ける必要がありそうだ。

復興を進めていく上で肝心なのは事業者と住民との合意形成だ。富田代表は自身の経験を基に、「地域住民の満足度の高さを復興における成功とするならば、時間をかけて住民と議論をすることが必要だ」と話す。東日本大震災からの復興では事業期間が設定されていたため、十分に話し合えないこともあったという。国や自治体が主導して住民が主体となる復興の進め方が求められる。

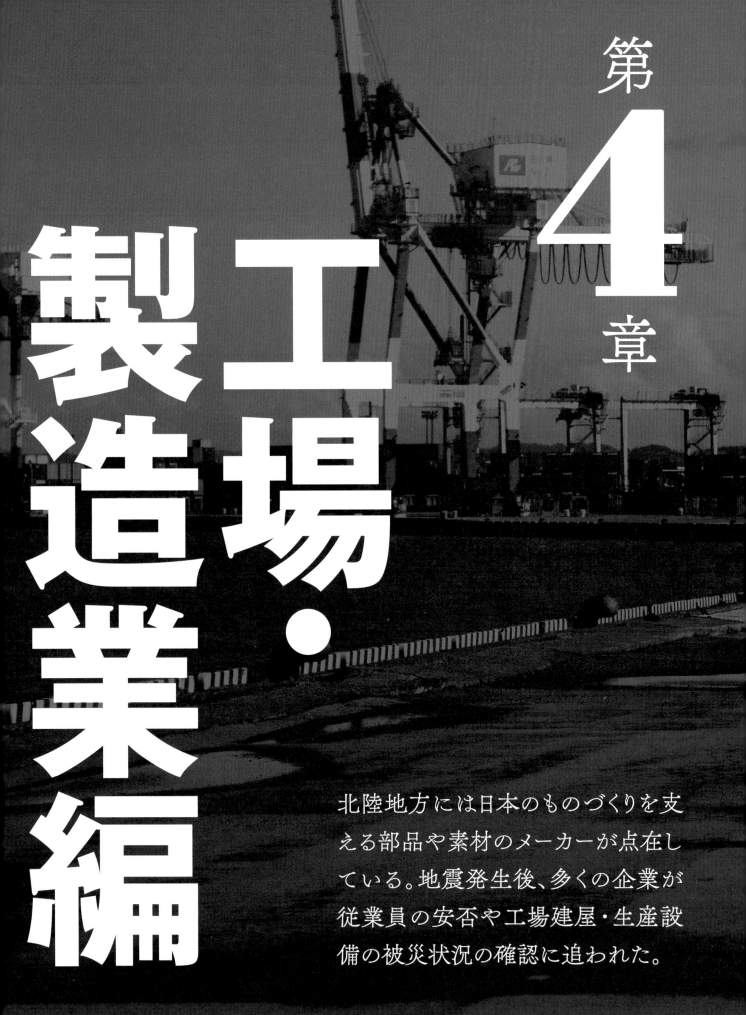

第4章

工場・製造業編

北陸地方には日本のものづくりを支える部品や素材のメーカーが点在している。地震発生後、多くの企業が従業員の安否や工場建屋・生産設備の被災状況の確認に追われた。

自動車部品関連の16工場 全面的な生産再開を阻む断水

震源地に近い石川県や富山県に点在する16の自動車部品関連工場。
年始休暇中の従業員の安否や建屋・設備の被災状況の確認に追われた。
断水が続いている地域ではいまだに全面的な生産再開に至っていない。

地震発生直後から、揺れが大きかった石川県に拠点がある企業の懸命な復旧活動がいまだに続いている。ワイヤハーネスを手掛ける住友電装グループのSWS西日本は、震源地から距離のある宇ノ気工場（石川県かほく市）は目立った被害がなく、年末年始休暇明けの同年1月8日から通常稼働に入った。一方、震源地に近い田鶴浜工場（同七尾市）は断水が2週間ほど続き、従業員も当初は半数しか出勤できなかったという（同月23日時点で8割まで復帰）。

パワーモジュールを主力とする石川サンケンは石川県内の3工場が被災。堀松工場（志賀町）と能登工場（能登町）は2月21日の時点で、3月中旬の全面的な生産再開が見えてきた。1月22日まで停電が続いていた志賀工場（志賀町）は3月下旬の全面的な生産再開（堀松工場での代替生産を含む）を予定する。

金属加工のサンテックは、断水と通信障害が続いていた、のと輪島工場（輪島市）が2月1日から一部製品において生産を再開したと発表し

た。同月19日の時点で断水は解消済み、全ラインの生産再開に全力で取り組んでいるとした。

物流がストップ、代替生産へ

石川・富山両県内では土砂崩れによる通行止めが一時100カ所を超えるなど、道路の被害が物流に深刻な影響をもたらしている。工場の生産が回復しても、物流のまひによって大幅な納期遅れが生じてしまう。

そこで各社は代替生産によってこの事態を乗り越える。例えばサンテックは、グループ会社の日の出製作所（川崎市）での代替生産に踏み切り、3人の社員を同製作所へ派遣するなどして生産性の向上を図る（1月23日時点）。SWS西日本も親会社の住友電装グループの他工場で代替生産する。「新型コロナウイルス禍のBCP（事業継続計画）として備えておいた代替生産の仕組みが今回の地震被害でも役立った」（住友電装の広報担当者）としている。

備蓄の強化など次への備え

今回の能登半島地震はライフライ

■ 主な自動車関連メーカーの震源地に近い製造拠点

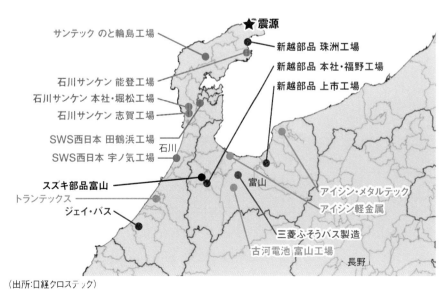

サンテック のと輪島工場
★震源
新越部品 珠洲工場
新越部品 本社・福野工場
石川サンケン 能登工場
新越部品 上市工場
石川サンケン 本社・堀松工場
石川サンケン 志賀工場
SWS西日本 田鶴浜工場
石川
SWS西日本 宇ノ気工場
スズキ部品富山
富山
トランテックス
アイシン・メタルテック
ジェイ・バス
アイシン軽金属
三菱ふそうバス製造
古河電池 富山工場
長野
（出所：日経クロステック）

■ 主な自動車関連メーカーの被災状況

社名	拠点・工場	所在地	事業内容	状況
新越部品	本社・福野工場	富山県南砺市	ワイヤハーネス	地震による影響なし
	珠洲工場	石川県珠洲市		建屋の破損、停電、断水、通信遮断、液状化、従業員の負傷、従業員宅の倒壊といった被害があった。電気と通信は復旧したが断水は継続中のため工場は非稼働。再開のめどはたっていない(2月29日時点)
	上市工場	富山県上市町		地震による影響なし
石川サンケン	本社・堀松工場	石川県志賀町	自動車用パワーモジュール、AV機器用デバイス、白物家電用パワーハイブリッドIC、OA機器用デバイス、自動車点火制御用デバイス	工場建物および生産設備の一部に被害があり、生産再開に向けた復旧活動を展開中。一部の生産工程については2024年2月上旬の再開を予定(1月23日時点)3月中旬に全面的な生産再開予定(2月21日時点)
	志賀工場	石川県志賀町	電源用パワーデバイス、自動車ECU(電子制御ユニット)用デバイス、自動車点火制御用デバイス、白物家電用パワーデバイス、OA機器電源用デバイス	工場建物および生産設備の一部に被害と停電があり、生産再開に向けた復旧活動を展開中。停電は2024年1月22日までに復旧したが、再開までには時間がかかるとしている。生産品の一部を堀松工場にて代替生産することを決定(1月23日時点)3月下旬に堀松工場での代替生産を含めて全面的な生産再開予定(2月21日時点)
	能登工場	石川県能登町	電子レンジ用パワーデバイス、自動車点火制御用デバイス、白物家電用パワーデバイス、その他汎用デバイス	工場建物および生産設備の一部に被害があり、生産再開に向けた復旧活動を展開中。一部の生産工程については2024年2月上旬の再開を予定(1月23日時点)3月中旬に全面的な生産再開予定(2月21日時点)
SWS西日本	宇ノ気工場	石川県かほく市	ワイヤハーネス	大きな揺れはなく、2024年1月8日から稼働
	田鶴浜工場	石川県七尾市		揺れが大きく、天井の一部が崩落したものの、2024年1月8日から稼働した。当初は断水があったが、現在は水道が復旧。また、従業員は当初は半数しか出勤できなかったが現在は8割まで復帰。供給や在庫活用が難しいものについては他拠点で代替生産している(1月23日時点)
アイシン・メタルテック	本社・工場	富山県入善町	差動ギアなど、鍛造技術を生かした駆動ユニット部品	大きな揺れがなかったことから、目立った被害はなく、年末年始休暇明けの2024年1月8日から通常稼働
アイシン軽金属	本社工場・有磯工場・有磯東工場	富山県射水市	自動車用アルミニウム(AI)合金ダイカスト部品およびAI合金押し出し部品の開発・製造	一部建物および生産設備などに被害があったものの既に復旧し、年末年始休暇明けの2024年1月8日から通常稼働を開始した
スズキ部品富山	本社・工場	富山県小矢部市	クランクケースやシリンダー、オイルポンプなどのAI合金ダイカスト製品、ギア類やシャフト類などの鉄製品	工場建屋の一部に被害があったものの、2024年1月5日までに修理を完成させ、年末年始休暇明けの同月8日から操業を開始
古河電池	富山工場	富山県富山市	ドローンやロボット向けのリチウムイオン電池	大きな被害はなく、年末年始休暇明けの2024年1月8日から稼働
三菱ふそうバス製造	本社・工場	富山県富山市	三菱ふそうブランドの大型の観光バスや路線バスなど、5種類のバスを製造	生産の状況について大きな被害の確認・報告はなかった。工場の生産設備の安全確認を徹底した結果、一部に若干の不具合があったものの、復旧作業により解消。2024年1月8日から社員による安全点検を実施後、通常稼働している
ジェイ・バス	本社・小松工場	石川県小松市	日野自動車・いすゞ自動車向けバスの製造、部品供給、バスボディーの設計・開発	シャッターが壊れるなど多少の被害は出たものの、生産への影響はなく、年末年始休暇明けの2024年1月8日午後から稼働を開始
サンテック	本社・のと輪島工場	石川県輪島市	自動車や航空機に使用される輸送機器部品の金属加工など	工場建屋は無事だったが、電力・水道・ガスの供給が停止、通信障害も発生したことから、2024年1月2日の時点ではすぐに稼働できる状態ではなかった。同年1月4日に工場の電気のみ復旧。断水と通信障害は続いており、設備や測定機、パソコン・通信機関連の修理も必要な状況。建屋の損傷はガラス破損、一部の天井や壁の崩落などで軽微。設備は横転こそしなかったがすべて所定の位置から移動。一部製品において2024年2月1日から生産を再開(2月19日時点)
トランテックス	本社・工場	石川県白山市	トラックのボディー製造など	生産設備などへの影響はなく、2024年1月8日から通常稼働している

特に日時表記がないものは2024年1月23日時点(出所:各社への取材や発表資料を基に日経クロステックが作成)

ン被害の影響が広範囲に及び、それが長期化している点が想定外の1つとされている。実際、住友電装の広報担当者は「断水が解消するまで、これほど長くかかるとは思わなかった。次への備えとして物資の備蓄を強化することを検討する。会社はもとより、従業員が困らないように個人の自宅のことも考える必要がある」(同担当者)とする。

かつての災害の教訓が今回の能登半島地震で生きたケースもあった。自動車エンジンのピストンリングを主力とするリケンは「2007年の中越沖地震の教訓から災害時のBCP体制を構築していたことで、今回の地震では(新潟県柏崎市の北斗工場と剣工場、田尻工場に勤務する)従業員の速やかな安否確認ができた」(同社の広報担当者)という。

(日経Automotive＝加藤 雅浩)

村田製作所の電子部品13工場 設備と建屋の補修で未稼働も

石川県、福井県、富山県に13の関係会社・生産拠点を持つ村田製作所。
2024年1月5日時点で5拠点の生産再開にめどが立っていなかった。
震源に最も近い穴水村田製作所の生産再開は5月中旬以降を見込む。

■ 各社Webサイトに掲載されている工場・生産拠点の外観例

（出所：穴水村田製作所）

（出所：ハクイ村田製作所）

（出所：ワクラ村田製作所）

■ 村田製作所関係会社の製造拠点

● 事業再開に至っていない拠点
● 生産開始済みの拠点

★ 震源

穴水村田製作所
ワクラ村田製作所
氷見村田製作所
ハクイ村田製作所
富山村田製作所
石 川
富 山
金沢村田製作所 金沢事業所
金沢村田製作所 能美工場
小松村田製作所
金津村田製作所
アスワ村田製作所
鯖江村田製作所
福井村田製作所 宮崎工場
福井村田製作所 武生事業所
福 井
岐 阜

稼働状況は2024年3月5日時点（出所：日経クロステック）

世界市場シェア1位の積層セラミックコンデンサー（MLCC）など電子部品大手の村田製作所。スマホやクルマのサプライチェーン（部品供給網）の要と言える。同社は能登半島地震の震源となった石川県の他、福井県、富山県に13の関係会社を持つ。

同社は2024年1月5日、同月1日に発生した「能登半島地震」における同社の関係会社の生産状況を公開した。関係会社の13の製造拠点のうち、3拠点が既に一部生産を開始しており、5拠点が同月6〜9日に生産を再開するとした。

一方、残る5拠点では、「インフラと設備の状態を確認中」としており、生産のめどは立っていなかった。「震源に近い穴水村田製作所（石川県穴水町）など一部の拠点では、依然

■ 村田製作所関係会社の製造拠点における被災状況

生産拠点の名称	住所	事業内容	地震発生後の生産状況
富山村田製作所	富山県富山市上野345番地	圧電セラミックスをベースとした電子部品(圧電セラミックス応用製品)の開発・設計・生産	1月3日から一部生産開始(同5日時点)、同9日から予定通りの生産開始(同10日追記)
福井村田製作所武生事業所	福井県越前市岡本町13号1番地	セラミックスをベースとした電子部品(積層セラミックコンデンサー、ノイズ対策製品など)の開発・製造	1月4日から一部生産開始(同5日時点)、同6日から予定通りの生産開始(同7日追記)
福井村田製作所宮崎工場	福井県丹生郡越前町小曽原108号字向北谷100番地	同武生事業所	1月4日から一部生産開始(同5日時点)、同6日から予定通りの生産開始(同7日追記)
鯖江村田製作所	福井県鯖江市御幸町1丁目2の82	高周波コネクターなど金属機構商品の製造、精密加工部品の金型・治具の製造、電子部品へのめっき	1月6日から順次生産再開予定(同5日時点)、同6日から予定通りの生産開始(同7日追記)
金沢村田製作所金沢事業所	石川県白山市曽谷町チ18番地	移動体通信、通信ネットワーク、情報家電・マルチメディア、カーエレクトロニクスなどに使用される高周波電子部品およびセンサーの開発・設計・製造、樹脂多層基板の製造	1月9日から順次生産再開予定(同5日時点)、同9日から予定通りの生産開始(同10日追記)
金沢村田製作所能美工場	石川県能美市赤井町は86番地1	同金沢事業所	1月9日から順次生産再開予定(同5日時点)、同9日から予定通りの生産開始(同10日追記)
金津村田製作所	福井県あわら市花乃杜2丁目10番28号	高周波コネクター・DCモジュール・高圧抵抗器・蓄電システムの製造	1月9日から順次生産再開予定(同5日時点)、同9日から予定通りの生産開始(同10日追記)
アスワ村田製作所	福井県福井市江守中2丁目1321番地	高性能コモンモードチョークコイル、EMIノイズフィルターの製造	1月9日から順次生産再開予定(同5日時点)、同9日から予定通りの生産開始(同10日追記)
小松村田製作所	石川県小松市光町93番地	複合機能電子部品「モジュール製品」およびRFID、SAWデバイス、IoT関連製品等の開発・設計・製造	生産再開に向けてインフラと設備の状態を現在確認中(1月5日時点)、同9日から順次生産開始(同10日追記)
氷見村田製作所	富山県氷見市大浦12番地5	圧電セラミックスを用いたセラミックフィルター、セラミック発振子の製造	生産再開に向けてインフラと設備の状態を現在確認中(1月5日時点)、2月上旬から順次生産再開予定(1月17日追記)2月5日から順次生産開始(2月21日追記)
ハクイ村田製作所	石川県羽咋市柳橋町柳橋52番地	圧電セラミック部品およびセンサー商品の製造、圧電ブザー、超音波センサー、ショックセンサー、Picoleaf、CO_2センサーなど	生産再開に向けてインフラと設備の状態を現在確認中(1月5日時点)、同11日から順次生産開始(同11日追記)
ワクラ村田製作所	石川県七尾市石崎町ウ部1番地	樹脂多層基板の製造および開発	生産再開に向けてインフラと設備の状態を現在確認中(1月5日時点)、3月上旬から順次生産再開予定(1月23日追記)3月4日から順次生産開始(同5日追記)
穴水村田製作所	石川県鳳珠郡穴水町字大町チの53番地	チップインダクター、コモンモードチョークコイルの生産	生産再開に向けてインフラと設備の状態を現在確認中(1月5日時点)、工あ場内の調査の結果、生産再開には設備と建屋の補修を行う必要があることが判明。そのための期間として4カ月以上を要するため、生産再開が5月中旬以降になる見通し。生産再開後、準備が整い次第、順次出荷を開始(1月19日追記)

2024年3月5日時点の状況(出所:村田製作所の公開情報を基に日経クロステックが編集)

として全員の確認がとれていない状況が続いている」(同社)とした。

同社は3月5日に最新の生産状況と生産開始予定を更新した。1月5日時点で生産のめどが立っていなかった5拠点のうち4拠点が順次生産を開始した。残る1拠点が、震源に最も近い穴水村田製作所である。同社は調査の結果、工場の設備と建屋の補修を行う必要があることから、生産再開は5月中旬以降になると見ている。

また、サプライチェーンについては、「取引先と情報共有しながら影響を最小化させるよう努める」(同社)とする。

(日経クロステック＝中道 理、加藤雅浩)

機械・化学系の11工場 稼働を一時停止・順次再開

建機や素材といった機械・化学系の11工場が石川など4県に散在している。
1月4〜5日時点でその多くが稼働を一時停止したものの順次再開へと至った。
コマツや東レ、三菱ケミカル、不二越など大手企業の工場に大きな被害はなかった。

2024年1月1日16時過ぎに発生した「令和6年能登半島地震」。震源地に近い石川県能登地方を含む北陸や新潟県は製造業が盛んで、コマツや東レ、三菱ケミカル、不二越など大手企業の工場もある。同月4、5日時点での影響を聞いたところ、設備などに大きな被害は出ていないものの、いったん稼働を停止して確認中という工場が多かった。

コマツは、粟津工場（石川県小松市）、金沢工場（金沢市）、氷見工場（富山県氷見市）の3工場とも、建物の倒壊などの大きな被害はないという。「目視で確認できる被害も今のところ確認していない。従業員の安否も1月3日までに全員とれている」（同社）。工場稼働開始日である同月8日に生産設備などへの影響を確認した上で生産を開始した。

輪島市からおよそ南西110km地点にある東レの石川工場（石川県能美市）は、1月2日時点で従業員らの人的被害の報告はないことを確認した。同工場では、ナイロン繊維、炭素繊維複合材料などを製造している。地震発生時、工場が稼働していたが、地震を受けて生産を停止。建物の一部と生産設備の一部が損傷し、同月4日時点も未稼働だったが、同月9日に生産を再開した。

従業員の安否を率先して確認

三菱ケミカルは、アクリル樹脂製品やアセテート繊維、樹脂製光ファイバーなどを生産する富山事業所（富山市）を抱えている。地震発生時は稼働中だったが、発生とともに稼働を停止。津波警報が出たため従業員は避難したという。従業員や生産設備についての被害は確認されていない。1月4日午後の時点で設備の点検作業を進めた。その後、問題がないことが確認できたので、2月から順次生産を再開した。サプライチェーンへの影響については「詳細は不明で今後確認を進める。原料などについては足元で不足するようなことはない」（同社）。

ステンレス製品やチタン製品の製造を手掛ける日本製鉄の東日本製鉄

■ 機械・化学系製造拠点の所在地

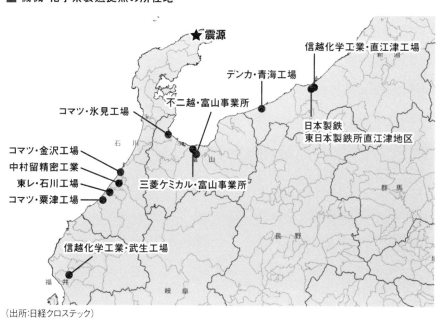

（出所：日経クロステック）

■ 主な製造拠点の被害状況

企業・工場名	所在地	生産品	状況
コマツ・粟津工場	石川県小松市	ホイールローダー、油圧ショベルなど	建物への大きな被害、従業員への被害はなし。1月8日に生産設備への影響を確認の上、操業を開始（1月9日時点）
コマツ・金沢工場	金沢市	鉱山用大型ショベル、油圧プレスなど	
コマツ・氷見工場	富山県氷見市	建機の鋳造部品	
信越化学工業・武生工場	福井県越前市	レア・アース、レア・アースマグネット、シリコーンなど	従業員への被害はなし。操業に影響なし
信越化学工業・直江津工場	新潟県上越市	セルロース誘導体、シリコーン、合成石英など	従業員への被害はなし。地震発生時に生産設備が自動停止。1月2日から確認ができた設備について順次運転を再開（1月4日時点）シリコーンの一部の設備で復旧が遅れ、シリコーン製品（シラン製品）の一部製品は出荷の調整中（1月18日時点）
デンカ・青海工場	新潟県糸魚川市	カーバイド	従業員への被害はなし。地震発生時に一部を除き緊急停止したが、危険物の漏洩などの大きな被害はなし（1月2日時点）1月4日以降、安全を確認できた設備から順次操業を再開し、1月末には概ね通常操業へ復帰できる見込み（1月18日時点）
東レ・石川工場	石川県能美市	ナイロン繊維、炭素繊維など	建物の一部と生産設備の一部が損傷。継続して事実確認中（1月4日時点）1月9日に生産を再開（1月30日時点）
中村留精密工業	石川県白山市	工作機械	生産設備などに影響はないが、従業員の家族には被災者が出ている。サプライチェーンに大きな影響はない
日本製鉄・東日本製鉄所　直江津地区	新潟県上越市	ステンレス製品、チタン製品	従業員の全員無事と設備に大きな被害がないことを確認。1月2日夕方以降、操業が可能な設備から順次稼働を再開中（1月4日時点）
不二越・富山事業所ほか	富山市	工具、工作機械、ロボット、ベアリング	人的被害はなし。一部の電気系統や水道の不具合があったが生産および出荷に支障をきたす被害はなし
	富山県滑川市		
三菱ケミカル・富山事業所	富山市	アクリル樹脂製品、アセテート繊維、樹脂製光ファイバーなど	従業員や生産設備についての被害はなし（1月4日時点）。設備の点検作業を進め、問題がないことが確認できたので、2月から順次再開（3月7日時点）

日時の記載がない場合は2024年1月4日午後〜1月5日午前時点での情報（出所:日経クロステック）

所直江津地区（新潟県上越市）は、1月4日時点で従業員の全員無事と設備に大きな被害がないことを確認。地震発生直後に生産を停止していたが、同月2日夕方から操業再開が可能な設備から順次再開中とした。サプライチェーンへの影響について、同月4日時点で問題は確認されていないが、「事態が長引くと分からない」（広報部）とのことだった。

信越化学工業は、北陸地域に直江津工場（新潟県上越市）と武生工場（福井県越前市）を持つ。両工場とも人的被害や設備への大きな被害はないとした。直江津工場は地震発生時に設備が自動停止したものの、1月3日から一部設備で生産を再開。確認がとれた設備から順次運転を開始した。武生工場は操業に影響がない。

ロボットや工作機械、工具などを製造する不二越は、1月2日の時点で、同社およびグループ、北陸地区サプライヤーの人的被害はなしと発表。生産設備についても、一部の電気系統や水道の不具合があったものの、生産および出荷に支障をきたす被害はないとしている。

デンカは、1月2日に地震の影響について発表した。それによると、同日17時時点で従業員への被害は確認されていない。青海工場（新潟県糸魚川市）は一部を除き緊急停止したが、危険物の漏洩などの大きな被害は確認されていないとした。その他の同社の関連設備や製造設備についても大きな被害は確認されていないとした。同月18日発表の第2報では同月4日以降、安全を確認できた設備から順次操業を再開しているとした。

工作機械メーカーの中村留精密工業（石川県白山市）は、生産設備などに影響はなかったものの、従業員の家族には被災者が出ているとした。サプライチェーンに関しては、大きな影響はないとした。

（日経ものづくり編集部、日経クロステック＝加藤 雅浩）

南海トラフ地震で半導体は？
20工場の想定震度を可視化

最大震度7の「令和6年能登半島地震」は電機・精密業界にも大きな影響を与えた。
今後、日本で予想される大地震の代表格が「南海トラフ巨大地震」である。
サプライチェーン寸断のリスクに備え、もしものときへの対策が必要だ。

巨大地震発生時、サプライチェーン（物流）への影響が懸念される主要部材の1つが半導体である。そこで、日本国内で稼働中もしくは近く稼働を控える主要な半導体工場を、内閣府が公表している南海トラフ巨大地震の震度想定マップに重ねてプロットしてみた。

作成した図によれば、多くの工場で震度5弱以上の揺れが予想され、

震度6弱以上が予想される地域にも複数の工場が立地している。半導体工場は最新鋭の免震構造を導入するなど、十分な地震対策を施している場合が多い。その一方で、極めて精密な加工を担っているため、クリーンルーム内の製造装置の稼働にひとたび影響が及ぶと、フル生産を再開するまでに長い時間がかかることが少なくない。工場にあまりダメージ

がなくても、電力や水、道路などのインフラが使えなくなる事態もあり得る。

過去の巨大地震、例えば2011年の東日本大震災発生時にはルネサスエレクトロニクスの那珂事業所（茨城県ひたちなか市）のクリーンルームが大きな被害を受け、約3カ月にわたり操業を停止した。

（日経クロステック＝大下 淳一）

■ 南海トラフ巨大地震発生時の震度予想と国内の主要半導体工場

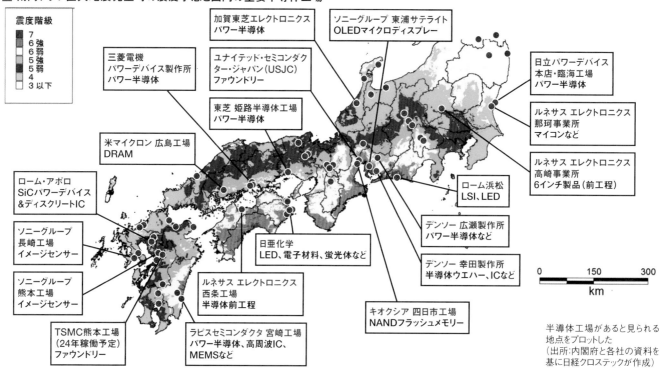

震度階級
7
6強
6弱
5強
5弱
4
3以下

加賀東芝エレクトロニクス
パワー半導体

ソニーグループ 東浦サテライト
OLEDマイクロディスプレー

三菱電機
パワーデバイス製作所
パワー半導体

ユナイテッド・セミコンダクター・ジャパン(USJC)
ファウンドリー

東芝 姫路半導体工場
パワー半導体

米マイクロン 広島工場
DRAM

日立パワーデバイス
本店・臨海工場
パワー半導体

ルネサス エレクトロニクス
那珂事業所
マイコンなど

ルネサス エレクトロニクス
高崎事業所
6インチ製品（前工程）

ローム・アポロ
SiCパワーデバイス
&ディスクリートIC

ローム浜松
LSI、LED

ソニーグループ
長崎工場
イメージセンサー

デンソー 広瀬製作所
パワー半導体など

日亜化学
LED、電子材料、蛍光体など

デンソー 幸田製作所
半導体ウエハー、ICなど

ソニーグループ
熊本工場
イメージセンサー

ルネサス エレクトロニクス
西条工場
半導体前工程

キオクシア 四日市工場
NANDフラッシュメモリー

TSMC熊本工場
（24年稼働予定）
ファウンドリー

ラピスセミコンダクタ 宮崎工場
パワー半導体、高周波IC、
MEMSなど

0   150   300
km

半導体工場があると見られる
地点をプロットした
（出所：内閣府と各社の資料を
基に日経クロステックが作成）

第5章

情報通信編

能登半島地震で通信インフラも深刻な被害を受けた。通信各社は大規模な自然災害を何度も経験してきたが、今回も想定外があった。災害対応の今後の課題を検証する。

停電でも踏ん張った基地局
予備電源の長時間化の効果も

能登半島地震では通信インフラも深刻な被害を受け、応急復旧まで2週間超を要した。
道路寸断や悪天候で復旧作業が厳しい中、活躍したのは低軌道衛星通信などだ。
被害額はまだ算出できていないが、通信4社だけで150億円を超えそうである。

2024年1月1日午後4時10分ごろに能登半島を襲った大地震。最大震度7を観測し、家屋やビルの倒壊、火災が相次ぐ事態に見舞われた。電気・ガス・水道と並ぶ「ライフライン」の1つである通信インフラも深刻な被害を受けた。発災後は音声通話やデータ通信を利用できない、または利用しづらい状況が続いた。

通信各社を苦しめたのは道路の寸断だ。ソフトバンクの宮川潤一社長兼CEO（最高経営責任者）は「能登半島地震では道路の状態が悪く、東日本大震災の対応とは異なる難しさ

があった」と話す。NTTドコモの小林宏常務執行役員ネットワーク本部長も復旧に時間を要した理由の1つとして「土砂崩れやトンネル崩落などによる道路の寸断が多く、車両の通行が限定的となった」点を挙げた。さらには輪島市や珠洲市を中心に停電が長期化し、降雪という悪天候にも苦しめられた。

このため、携帯4社は応急復旧まで2週間超を要した。立ち入り困難な地域を除いて応急復旧を終えたのはKDDIとソフトバンク、楽天モバイルが1月15日、NTTドコモが1月

17日だった。総務省の被害状況報告によると、停波中の基地局は3月1日午後1時30分時点（第84報）でも、NTTドコモが5局、KDDIが13局、ソフトバンクが12局、楽天モバイルが23局となっている。

1月2日と3日に基地局停波が拡大

携帯電話ネットワークはユーザーの端末をつなぐ「基地局」、基地局をつなぐ「基地局伝送路」、通信設備を設置する「通信ビル」、通信ビルをつなぐ「中継伝送路」などで構成する。能登半島地震では通信ビルや基地局の停電、中継伝送路や基地局伝送路の回線断などが発生して通話・通信できない状況となった。

通信ビルの停電に対しては移動電源車の派遣、中継伝送路の回線断には仮設伝送路の敷設、基地局伝送路の回線断には移動基地局車や可搬基地局の活用、基地局の停電には発電機や移動電源車の派遣などで復旧に当たった。

日経クロステックは総務省の公開情報を基に、NTTドコモとKDDI、ソフトバンクの携帯大手3社で停波

資料1■ 通信インフラの主な被害と応急復旧のイメージ

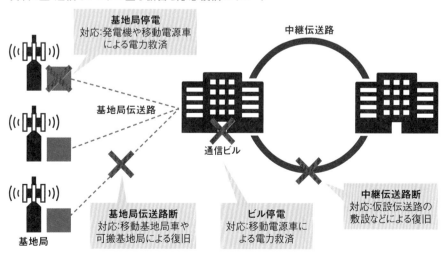

基地局停電
対応:発電機や移動電源車による電力救済

中継伝送路

基地局伝送路

通信ビル

基地局伝送路断
対応:移動基地局車や可搬基地局による復旧

ビル停電
対応:移動電源車による電力救済

中継伝送路断
対応:仮設伝送路の敷設などによる復旧

基地局

（出所:NTTドコモ、KDDI、ソフトバンク、楽天モバイルの資料を基に日経クロステック作成）

した基地局の推移を調べた。すると、ある傾向が見られた。1月1日の発災から日を追うごとに停波した基地局は総じて減っているが、増えた局面もあったことである。

顕著なのは1月2日と3日だ。例えば1月2日午前11時40分時点（第11報）で停波していた基地局はNTTドコモが209局、KDDIが198局、ソフトバンクが268局に対し、同日午後4時時点（第12報）でNTTドコモが225局、KDDIが219局、ソフトバンクが275局といった具合である。1月3日午前7時30分時点（第13報）ではNTTドコモが241局、KDDIが252局、ソフトバンクが271局と、一部でさらに増えている。

実は、携帯各社は基地局に接続する予備電源の長時間化を進めており、総務省によると「東日本大震災時は24時間耐えられる基地局が全国で1000局ほどだった。現在は震災対策の一環として役所周辺を中心におおよそ1万局まで増えている」。義務ではないが、「県庁周辺や（即座に駆け付けられない可能性がある）離島であれば72時間ほど耐えられるようにお願いしている」（総務省）。

つまり、発災直後は予備電源で耐えていたが、翌2日の午後4時以降は予備電源も尽きて停波した基地局が増えていったと見られる。基地局の予備電源の長時間化が広がり、この効果が出ていたといえる。今後の検証が求められるが、安否確認などで緊急連絡の需要が最も高まる発災

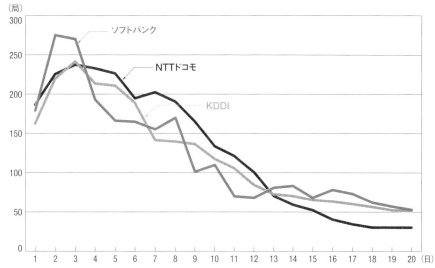

資料2■ 携帯大手3社で停波した基地局の推移（2024年1月1日以降）

停波した基地局の推移は総務省の公開情報を基に作成しており、同日に複数報が出た場合は最終報の数値を集計した。楽天モバイルは1月15日以降、集計手法に変更があったため、除外した

資料3■ 穴水町立穴水中学校における授業の様子。スターリンクを活用し、対面とオンラインによるハイブリッド授業を実施していた（出所：日経クロステック）

直後の通話・通信を支えたという点で評価できる。

スターリンクでハイブリッド授業

道路寸断や悪天候といった厳しい状況下での復旧を支えたものとしては、米SpaceX（スペースX）の低軌道衛星通信サービス「Starlink（スターリンク）」、船舶を用いて海上から電波を届ける「船上基地局」、「ドローンによる無線基地局」などが挙げられる。

中でも活躍したのはスターリンクだ。「まさにスターリンクの威力を痛感した」と語るのは、穴水町立穴水中学校の廣澤孝俊校長である。穴水中学校では発災後、対面とオンラインを併用したハイブリッド授業を

実施しており、避難所から受けている生徒もいたという。

穴水中学校の校舎は能登半島地震で大きな被害を受けた県立穴水高等学校や穴水町立穴水小学校が間借りしている状況のため、多くの生徒が校内LANを利用する。校内LANがパンクしてしまう恐れがあるため、ソフトバンクの協力の下、スターリンクのアンテナを校舎の屋上などに計6台設置した。記者が取材で同校を訪れた際も「小学生と中学生を合わせて約150人が一斉に校内LANを利用したことでパンクしそうになったが、中学生の約50人がスターリンクに接続し直したため、授業を継続できた」（廣澤校長）という。

ソフトバンク公共事業推進本部第一事業統括部の安田昌弘氏によれば「（災害時に無償で使える公衆無線LANサービスの）00000JAPAN（ファイブゼロジャパン）はセキュリティーが甘く、速度もあまり出ないので授業には向いていない」という。スターリンクには融雪機能があり、基本的にアンテナに雪が積もらない構造になっている。同社は今後、「スターリンクをBCP（事業継続計画）用のバックアップ回線として提案していく」（同）考えである。

設置時間は半分、通信速度は10倍

KDDIは土砂崩れなどで伝送路が断絶した基地局のバックホール回線にもスターリンクを活用した。従来の衛星通信設備の重さは約30キログラムに対し、今回は約7キログラム。「自動車が通過できないような獣道でも徒歩での運搬が容易になった。従来の大型機材で2往復が必要なケースもスターリンクであれば1往復で済んだ」（KDDI技術統括本部エンジニアリング推進本部運用管理部ネットワーク強靭化推進室コアスタッフの中村大輔氏）。ノウハウなので詳細は明かせないが、設置時間も従来の半分、通信速度も10倍になったという。

陸路を利用した復旧が難しい場面では船上基地局も投入した。今回はNTTドコモとKDDIが連携したことが話題を呼んだ。両社が連携した理由はそれぞれが船舶を保有し、災害発生時に協力する協定を結んでいたためだ。「電波の伝搬シミュレーションも実施して広いエリアに有効であると確認していた。沿岸部の被災状況から判断し、1月2日に船上基地局の運用を決めた」（NTTドコモの小林氏）。災害時に無線局開設の許認可を迅速に受けられる特例措置（臨機の措置）をNTTドコモが1月3日、KDDIが1月4日にそれぞれ総務省に申請。NTTグループが所有する海底ケーブル敷設船「きずな」を船上基地局として活用した。運用開始は1月6日となったが、「長崎県

資料4■ スターリンクをバックホール回線に活用した基地局の例。KDDIによると、設置時間は従来の半分、通信速度は10倍になったという（出所:KDDI）

資料5■ NTTドコモとKDDIは共同で「船上基地局」を投入した

写真左が海底ケーブル敷設船「きずな」、写真右が船上での作業の様子（出所：写真左がNTTドコモ、写真右がKDDI）

に停泊していた船舶を能登半島へと移動させたため。機材の準備と入れ替え、チューニングも含めて迅速だった」（小林氏）。

　ソフトバンクは今回、「有線給電ドローン無線中継システム」を活用した。ドローンに無線中継装置を搭載し、上空から端末に電波を届けるものだ。ドローンには地上給電装置から有線給電することで長時間の飛行を可能にした。「上空100メートルまでドローンが飛行すれば、孤立集落にも電波を届けられる」（ソフトバンクの松本福志エリア建設本部ネットワーク推進部部長）。

資料6■ ソフトバンクの「有線給電ドローン無線中継システム」。地上給電装置から有線給電することで長時間の飛行を可能にした（出所：ソフトバンク）

被害額はNTTで「100億円ほど」

　残念ながら3月1日時点でも完全復旧には至っていない。停電は2024年1月中におおむね解消したが、立ち入り困難な地域が残っている。「道路が通行可能となり次第、原則3日以内に応急復旧予定」（通信各社）である。

　被害額もまだ算出できていない状況だが、通信大手3社は2023年4〜12月期の決算説明会で見通しを示した。NTTの島田明社長は「（熊本地震から推定して）固定系とモバイル系に関わるネットワークの復旧には100億円ほどかかる。3分の2が固定系に関連する費用になる」、KDDIの高橋誠社長は「数十億円程度」、ソフトバンクの宮川社長は「推定20億円前後」とした。楽天モバイルは「推定15億円前後」（広報）としており、通信4社だけで150億円を超えそうである。

（日経クロステック＝野々村 洸、永田 雄大）

土砂崩れで断線した回線を復旧
地元通信会社の奮闘

金沢市に本社を置く北陸通信ネットワークは通信インフラの早期復旧に奔走した。
作業員は車中泊で体力的に厳しく、余震も続いたので心配が絶えなかったという。
総務省も行政機関や事業者との連絡調整、通信機器の貸与などで全面支援した。

資料7■ 土砂崩れが発生した穴水町役場の裏手の様子（出所:北陸通信ネットワーク）

資料8■ 土砂がなだれ込んできたサーバー室（出所:穴水町）

通信インフラに甚大な被害を及ぼした能登半島地震。北陸電力子会社で金沢市に本社を置く北陸通信ネットワークは北陸全域の光ファイバー網の構築・運用を担い、早期復旧に奔走した。様々な困難が伴う中、同社は迂回経路の構築を含め、1カ月で30キロメートル以上にわたるケーブルを張り直した。

通信が孤立した穴水町役場

「北陸通信ネットワークは役場の通信環境が停止してから復旧までの対応がとても早かった」。こう語るのは穴水町の山下悠真総務課主事だ。穴水町では2024年1月4日に役場の裏手で土砂崩れが発生。引き込んでいた光回線が断線しただけでなく、土砂がサーバー室にまでなだれ込んで役場内のネットワークがつながらなくなった。

楽天モバイルの携帯電話回線だけが唯一利用できたため、職員のスマートフォンにテザリングしてしのいだものの「ある意味、通信は孤立状態だった」（山下主事）。こうした危機的状況の中、北陸通信ネット

ワークは役場の通信環境を早急に回
復させた。

　まずインターネット接続環境を優
先的に確保すべく、1月5日に米
SpaceX（スペースX）の低軌道衛星
通信サービス「Starlink（スターリン
ク）」のアンテナを設置した。「衛星
通信なので遅いと思っていたが、意
外に速度が出た」と山下主事はス
ターリンクの効果に驚きを見せる。
実際、通信速度は毎秒50メガビット
程度を計測しており、Web会議にも
活用している。

　1月7日には被災したサーバー室
を役場2階の会議室に移した。同日、
役場内のLANも暫定的に復旧し
た。北陸通信ネットワークによると、
今回の地震により、町内イントラ
ネットで穴水町役場と穴水総合病院
を結んでいた光回線も断線したとい
う。病院側の強い要請もあり、光ファ
イバーの緊急回線を1月12日まで
に早急に整備した。

作業員は車中泊でずっと作業

　穴水町役場をはじめ、北陸通信
ネットワークによる回線復旧の取り
組みには多くの苦難があった。同社
は1月1日の地震発生直後、即座に
災害対策本部を本社に設置。同日中
に第1弾の保守要員が穴水町に入る
ことには成功したが、渋滞もあって
移動だけで想定以上の時間を奪われ
た。「現地にたどり着くまで通常3時
間ぐらいだが、7〜8時間かかって
しまった」（森永知範取締役経営企

資料9■ サーバー室にあったラックの裏側の様子（出所:穴水町）

資料10■ 会議室に移設したサーバー室の様子（出所:日経クロステック）

資料11■ 移設したサーバー室には大量の機器が並ぶ（出所:日経クロステック）

画部長)。

人員の確保にも苦労した。北陸3県（石川県・富山県・福井県）の協力会社から人員を集めて一斉に能登地域に投入した。現在は再開したが、一般の法人案件を一旦停止して復旧を優先したという。

停電や断水がしばらく続き、現地に派遣した作業員の宿泊先にも困った。北陸通信ネットワークの小坂善彦営業部長兼営業推進グループリーダーは「作業員は車中泊でずっと作業している状態だったので体力的に厳しく、余震も続いていたので安全性の面でも心配が絶えなかった」と振り返る。復旧に当たっては、同社の「第二穴水局舎」の近くにあった売り出し中の倉庫を緊急で借り、資材置き場や作業員の休憩所などの前線基地として活用した。

局舎の被害は「基本的になかった」（小坂営業部長）。地震後の停電で商用電源が提供されない状況が多くの局舎で発生したが、同社では基本的に全ての局舎が非常用の自家発電設備を備えている。使用する電気量や発電設備によるが、商用電源が停止しても無給油の状態で数日程度は電源供給が可能だという。燃料については、タンクローリーが停電地域の局舎を巡回して補給する。

予備ルートで早期復旧が可能に

光ケーブルについても電柱の倒壊や火災による断線を防ぐため、本ルートと予備ルートの2つをあらかじめ用意している。地震で本ルートが被害を受けても、直ちに予備ルートに振り替えることで早期の復旧が可能となった。特に今回は電柱の倒壊や土砂崩れなどで現地に入れないことが多かった。余震が続いて高所作業車による復旧作業がただでさえ難航する中、予備ルートが大きく役立ったという。

もちろん、土砂崩れやトンネル崩壊などで本ルートだけでなく予備ルートまで断線してしまうケースもある。こうした場合は1本でも多くの回線を復旧させるため、片方だけのルート復旧を優先するようにした。片方のルートが切れたままのエリアも多く残っており、復旧作業はまだまだ続く。

同社は回線の復旧方針として、防災拠点となる国や自治体などの公的

資料12■ 屋上に設置したスターリンクのアンテナ（出所：日経クロステック）

資料13■ 役場に用意した無線LANアクセスポイント（出所：日経クロステック）

施設や病院などを優先した。小坂営業部長は今回の地震を通じ、「情報共有はやはり大事」と語る。例えば土砂崩れで通れなくなったルートが回線復旧のために重要だという情報をリエゾン（現地情報連絡員）経由で報告した。こうした復旧スキームを評価しており、今後も「現場の声を届けていきたい」と話す。

総務省の「MIC-TEAM」が活躍

　通信各社が復旧活動を進める中、大きな壁となったのが土砂崩れなどによる道路の寸断だ。現地入りのルートも限られるため交通渋滞が発生し、作業員が駆け付けるまで時間を要した。復旧活動に当たっては道路啓開（障害物を取り除いて通行可能にすること）に関する情報収集のため、国や自治体などとの密な連携が重要になる。リエゾンとして通信各社との調整を担ったのが、電気通信事業を所管する総務省だ。

　総務省は大規模災害が発生した際に被災現場での情報通信手段の確保を支援する「総務省・災害時テレコム支援チーム（MIC-TEAM）」を2020年6月に立ち上げた。能登半島地震でもMIC-TEAMが活躍した。記者が取材した2024年2月5日時点で10人（本省から5人、地方総合通信局からも東海や関東などの応援を含めて5人）が活動していた。

　MIC-TEAMの主な活動内容は、（1）リエゾンの派遣並びに関係行政機関・事業者などとの連絡調整、（2）

資料14■　倉庫を間借りした北陸通信ネットワークの前線基地の様子。宿泊機能を備え、作業員は倉庫内のテントで寝泊まりする（出所：日経クロステック）

資料15■　前線基地の倉庫内で休息をとる北陸通信ネットワークの従業員（出所：日経クロステック）

資料16■　前線基地の敷地内に置いてある光ケーブルなどの資材（出所：日経クロステック）

資料17■ 前線基地で待機する高所作業車（出所:日経クロステック）

資料18■ 第二穴水局舎内にある非常用の自家発電設備（出所:日経クロステック）

資料19■ 北陸通信ネットワークが所有する移動電源車。非常用の自家発電設備の燃料切れに備えて現地で待機していた（出所:日経クロステック）

停電時などに活用する移動電源車の貸与、（3）衛星携帯電話など移動通信機器の貸与、などである。

　（1）は例えば県の被災情報や、「電波が届いていない」など被災地の住民から寄せられた情報を通信各社に提供する。一方、通信各社から「基地局を復旧させたいが道路が寸断されている」といった報告があれば自治体に連絡し、国土交通省や自衛隊とも連携しながら啓開を進める。

　（2）の移動電源車は、容量が5.5kVA（5500W）の小型タイプと100kVA（100kW）の中型タイプの2種類がある。2月5日時点では計3台を石川県珠洲市に派遣していた。（3）の移動通信機器には衛星携帯電話や簡易無線機、MCA無線機などがあり、能登半島地震では全国から北陸総合通信局または石川県庁に機材が移送された。能登地区の自治体などに無償で貸与している。

スターリンクの保有も検討へ

　これらに加え、今回はスターリンクの機材も貸与した。能登半島地震では伝送路の回線断や基地局の停電などで通信を利用できなくなった地域も多く、総務省北陸総合通信局で防災対策推進室長を務める上川政宏総合通信調整官は「避難所などにおける通信の確保で非常に役に立った」と評価する。

　もっとも、今回自治体に貸与したスターリンクの機材は総務省保有ではなく、通信各社保有のものになる。

このため、「（総務省で）保有する検討をしている」（上川総合通信調整官）とした。

以前からある衛星携帯電話も役立った。「地震発生当初は衛星携帯電話を貸与してほしいという声が現場から多かった」（上川総合通信調整官）。その後は珠洲市社会福祉協議会をはじめ、現地入りしたボランティアから連絡を取り合うための簡易無線機を貸与してほしいとの要望が増えたという。

こうした連絡調整や機器貸与とは別に、北陸総合通信局は災害時に無線局開設などの許認可を迅速に受けられる特例措置である「臨機の措置」も実施している。例えば1月3日にNTTドコモ、1月4日にKDDIがそれぞれ船上基地局の免許、1月6日と1月11日にソフトバンクがドローン基地局の免許を申請しており、いずれも即時許可した。

大規模災害の復旧対応にはいまだに課題が多い。上川総合通信調整官は「各通信事業者を含めて災害や耐震対策を万全に実施しているが、大きい震災だと正直どうしようもなく対応が難しい」と話す。耐震化や長時間稼働できる発電機などの整備に向けた通信事業者への補助金の拡充なども検討していくとした。「今回は道路が陥没・隆起して現地に行けなかった」（同）ため、道路の強じん化も課題に挙げた。

（日経クロステック＝永田 雄大、野々村 洸）

資料20■ 北陸総合通信局災害対策本部の様子（出所：総務省）

資料21■ 小型タイプの移動電源車（出所：総務省）

資料22■ 総務省は移動通信機器を自治体などに無償貸与した。写真は奥能登広域圏事務組合消防本部に簡易無線機を貸与する様子（出所：総務省）

過去の災害と異なる想定外
通信各社が新たに学んだ教訓

通信各社は大規模な自然災害を何度も経験してきたが、今回も「想定外」があった。
復旧対応のレベルは確実に上がったものの、もう一段踏み込んだ連携が必要といえそうだ。
技術面の対策強化も引き続き求められ、多様な復旧手段の確保が欠かせない。

「訓練してきたつもりだが、やはり想定外もあった」。ある通信事業者の幹部は今回の能登半島地震の復旧対応をこう振り返った。通信各社は2011年の東日本大震災をはじめ、台風を含めた大規模な自然災害を幾度となく経験してきた。可搬型基地局や移動電源車の配備、基地局バッテリーの長時間化などの対策を進め、訓練も積み重ねてきたが、それでも想定外があった。以下では能登半島地震で直面した想定外の課題と今後の教訓を見ていく。

想定外①道路啓開でトラブルも

能登半島地震の復旧対応における想定外の事象として通信各社が口をそろえて指摘するのは道路の寸断だ。総務省も今回の復旧対応の振り返りはまだとしつつ、「(過去の震災と比べて)道路の寸断がひどかった。機材の不足よりも、それを運んでいた人がなかなか現場にたどり着けなかったと聞いている。(現地に入るまでのルートが限られる)半島という地形も災いした。例えば熊本地震の場合、被災地が中心市街地に近く、運搬にここまで苦労しなかった」と指摘する。

道路の寸断に付随して啓開(障害物を取り除いて通行可能にすること)によるトラブルも発生した。ある通信事業者は「復旧した箇所がなぜか突然利用できなくなる事態が発生した。原因を確認すると、自衛隊が道路啓開で通信設備ごと取り除いてしまっていた。救命や支援に欠かすことのできない重要な作業であることは重々承知しているが、急にトラブルが発生すると焦ってしまう」と話していた。

同社はこれを受け、各省庁や他社と連携し、設備撤去の事前情報収集に力を入れるように改めた。「災害対応の模擬訓練はこれまで何度も繰り返してきたが、改めて考え直す点もあった」(同)。組織横断的な対応

資料23■ 能登半島地震で被害を受けた建物(出所:日経クロステック)

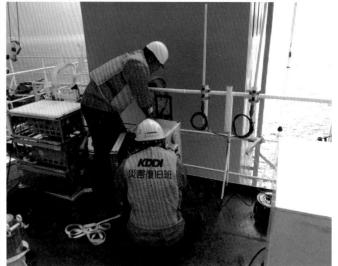

資料24■ 船上における作業の様子（出所:KDDI）

の重要性を認識したという。

想定外②過酷な船上生活

NTTドコモとKDDIが連携した船上基地局でも想定外があった。海上から通信の復旧を図るものだが、思わぬ盲点があった。ただでさえ荒れる冬の日本海に悪天候も重なり、「対応した作業員の船上生活はかなり辛かったと聞いている。1週間ほどで人員を入れ替えないと作業が継続できない」（NTTドコモの小林宏常務執行役員ネットワーク本部長）ことが判明した。

実際に乗船していたKDDIエンジニアリングの糸瀬大輔運用保守事業本部西日本運用本部西日本支社福岡フィールド2Gエキスパートによると「一時は風速30メートルの風が吹き、船が大きく揺れた。船長でさえ船酔いになった」ほどだ。とはいえ、船上生活を共にしたNTTドコモの作業員とは「ここまで準備して

電波を被災地に届けられなかったら最悪」と気を引き締め、苦しい状況を乗り切ったという。

乗船時点で1週間は戻れないと覚悟していた。長崎港を出港した直後から電波を届ける準備を進め、「波が穏やかな時期に船上から陸地がどう見えるのかを予測し、どこにアンテナなどの通信設備を設置するか、どう電源を取るべきかなどをあらかじめ決めていた」（糸瀬氏）という。狙ったエリアに電波を届ける指向性の高いアンテナや幅広いエリアを救済できるアンテナを準備したほか、機材が故障しても陸地に戻らず対処できるようにするため、2セットを用意した。

想定外③飛行時間帯に制限

初の実戦投入となったソフトバンクの「有線給電ドローン無線中継システム」も課題を残した。ドローンを上空100メートルほどに飛ばすこ

とで電波を届けるものだが、「飛行時間帯に制限があった。（安全性を担保するため）視認できなくなる日没後はドローン飛行を取りやめ、日中での運用を基本としていた」（ソフトバンクの松本福志エリア建設本部ネットワーク推進部部長）。当たり前だが、国や県などが飛ばす緊急用ヘリなどが優先のため、飛行許可の手続きにも時間がかかったという。

NTTドコモもドローン基地局の活用を検討した。2024年1月3日に総務省へ災害時の特例措置「臨機の措置」としてドローン基地局を申請していた。だが最終的にドローン基地局は運用しなかった。機材や許可の問題とは関係なく、単純に投入シーンが存在しなかったためだ。具体的にいくつかの利用場所を選定してはいたものの、周辺基地局の復旧が滞りなく進んだ。移動基地局車の手配もできていたため、出番がなかったとした。

想定外④停電と断線が同時発生

　携帯系だけでなく、固定系の通信インフラでも想定外はあった。異常を知らせる警報・通知の原因が分からないというものだ。北陸通信ネットワークによると、「回線に異常が発生したら、それを知らせるアラートが上がるようになっている。しかし、停電と断線が同時に発生し、異常の中身を正確に把握できなくなった」（北陸通信ネットワークの奥村宗修取締役技術部長）。

　例えば停電後に断線すると、停電のステータスのみを示してしまうケースがある。このため、同社は異常がある光ファイバーを1本1本調べ、断線の有無を確認しながら復旧作業を進めたという。

多様な復旧手段の確保が重要

　能登半島地震の発災後は石川県庁に総務省や経済産業省、国土交通省などの職員が派遣された。「ミニ霞が関」とも呼ばれる態勢が出来上が

基地局の復旧と避難所の支援が通信会社の使命
NTTドコモ 北陸支社長 出井 京子氏

　北陸支社では1月1日の地震発生直後に災害対策室を立ち上げ、基地局などの復旧活動に当たった。社員には災害時に通信をつながなければならないという強い責任感と使命感がある。顧客をはじめ、困っている人がいたら助ける思いやりを持った人間が多い。全国の広域支援メンバーをはじめ、近隣の県からも応援に駆け付けてもらった。全国から人員や車両が大量に集まるため、事前に災害対策の拠点となるビル（金沢松島ビル）を指定しておいたのが役に立った。

　通信会社の使命として優先度が高いのは基地局の復旧だ。基地局の復旧活動は避難所をカバーしている箇所を優先して進めた。避難所への支援活動にも力を入れている。被災者は着の身着のまま避難してきているので、携帯電話はあっても充電器も一緒に持っている人は少ない。そこで全国の営業チームの力を借り、複数台の携帯電話を同時に充電できる「マルチチャージャー」を避難所に用意。約2000個のモバイルバッテリーも避難所に寄贈した。これには多くの被災者の方に喜んでもらえた。

　避難所ではSNSなどを使うためのWi-Fi環境を求める声が強い。そこで携帯電話の電波が届かない場所にいる被災者に対してはスターリンクなどを活用してインターネットに接続できるようにした。当社では今回、すべての1次避難所を含め、計289カ所の避難所を訪問した。

　我々は防災訓練を毎年実施しており、これを多くの場面で生かせたと思う。今回の震災では船上基地局やスターリンクが活躍したが、（使用しなかった）ドローン基地局を含め、対策手段の多様化が重要だ。今後も継続して多様性を模索していく。（談）

資料A■ NTTドコモの出井京子北陸支社長（出所:日経クロステック）

資料B■ 広域支援メンバーの活動の様子（出所:日経クロステック）

り、スムーズな情報共有が進んだ。KDDIの鈴木崇之技術統括本部エンジニアリング推進本部運用管理部エキスパートは「バラバラに要請をかけると混乱するケースがあり、県庁では協力関係を結べた」と話す。

過去の教訓を踏まえて復旧対応のレベルは確実に上がったが、もう一段踏み込んだ連携が必要といえそうだ。例えば冒頭で道路啓開により通信設備が撤去されてしまった事例を紹介したが、情報を密に共有していれば回避できた可能性がある。

各社単独での災害対応・訓練ではどうしても限界がある。平時から複数の企業・組織で訓練を積み重ね、備えを強化しておくことが求められる。KDDIの鈴木エキスパートは今回の震災対応を通じ、「もっと他社との関係を構築すべきだと感じた。また一緒に被災地で復旧に当たろうという他社の志・姿から熱量をもらえた」とも語っていた。

技術面の対策強化も引き続き求められる。南海トラフ地震では広範な地域に被害が及ぶと想定される中、期待を集めるのが成層圏通信プラットフォーム（HAPS：High Altitude Platform Station）や低軌道衛星などの上空を介した通信だ。

HAPSとは、無人航空機にLTEや5Gの基地局（ペイロード）を載せ、高度20キロメートルの上空から携帯電話の通信エリアを生み出すものだ。いわゆる「空飛ぶ基地局」である。地上の基地局と同様の高速・大

資料25■ 楽天モバイルは米AST SpaceMobileの低軌道衛星を活用。スマホとの直接通信も2026年内に実現する計画である（出所：日経クロステック）

容量通信に加え、低遅延という特徴を持つ。NTTの島田明社長は2024年2月8日の決算説明会で「HAPSに着目している。早期に実験したい」との意向を示した。もっとも、HAPSは「緯度による制約がある。太陽光パネルから出力を得ているためだ」（島田社長）。このため、他手段との組み合わせが有用となる。

もう1つの低軌道衛星通信では米SpaceX（スペースX）の「Starlink（スターリンク）」が今回も活躍した。スマートフォンとの直接通信を実現するHAPSと同様、低軌道衛星通信も小さな容量ながら直接通信の実現を目指している。KDDIはスターリンクを介して2024年内にSMS（ショートメッセージサービス）送受信から提供を始め、音声通話やデー

タ通信にも対応していく。

楽天モバイルもスマホとの直接通信が可能なサービスを2026年内に提供する計画だ。利用するのは米AST SpaceMobile（ASTスペースモバイル）の低軌道衛星である。下りの通信速度は現時点で最大毎秒14メガビットという。

「復旧対策の手段は多ければ多いほどいい」。ソフトバンクの関和智弘常務執行役員兼CNO（最高ネットワーク責任者）は能登半島地震の復旧対応に関する2024年1月18日の共同記者会見でこう話した。完璧な手段などなく、今後も想定される大規模災害に備えて多くの手段でカバーしていくことが重要となる。

（日経クロステック＝野々村 洸、永田 雄大）

第6章

巨大地震202X ——————————————— 110

検証・日本の地震対策 —————————— 112

被害想定・首都直下地震 ——————— 112

新耐震基準の住宅に倒壊リスク ——— 116

南海トラフの長周期地震動対策 ——— 118

被災後「中に戻って大丈夫?」————— 120

「壊れない都市」へ ——————————— 122

いま巨大地震が起こったら ————— 130

巨大地震への備えは十分か ————— 132

道路橋の地震対策を阻む壁 ————— 134

原型復旧の問題露呈した被災3橋 —— 136

地震で崩れる盛り土 —————————— 140

歩み遅い水道耐震化 —————————— 144

堤防の耐震補強は後回し ——————— 146

津波の想定見直しに困惑 ——————— 148

次の巨大地震に備える

巨大地震 202X

関東大震災から100年、大災害への備えは万全か

2023年2月6日午前4時17分（現地時間）にトルコ・シリアの国境付近で巨大な地震が発生した。
死者は5万人超、歴史に残る記録的な大災害となった。
くしくも日本では、100年前の1923年、今も記録に残る関東大震災が発生している。
繰り返される巨大地震から、我々は何を学ぶべきか。明日起こるかもしれない大災害への備えを検証する。
（桑原豊、中東壮史、星野拓美＝以上日経アーキテクチュア、池谷和浩＝ライター）

Part1 検証・日本の地震対策

被害想定 ● 首都直下地震 ……… P.112
検証 ● 既存不適格 ……… P.116
検証 ● 長周期地震動 ……… P.118
検証 ● 応急危険度判定 ……… P.120

Part2 「壊れない都市」へ

始まった免震・制振革命 ……… P.122
実大免震試験機 ……… P.126
提言 ● 次なる巨大地震に備えよ ……… P.128

2023年2月6日のトルコ・シリア大地震で、トルコ南部ハタイ県で12階建ての複合施設が横倒しになった。現地の報告によると、2013年に完成した建物で、集合住宅や店舗、ホテルなどが入っていたという
（写真：Â©Mehmet Malkoc/ROPI via ZUMA Press/共同通信イメージズ）

黒海

イスタンブール

アンカラ　　　トルコ

Mw7.5の震源 ●

● Mw7.8の震源

ハタイ

シリア

地中海

0　　200km

被害想定 ✹ 首都直下地震

10年で耐震化が進んだ首都東京
在宅避難を阻むリスクも明らかに

トルコ・シリア大地震が改めて突き付けた巨大地震の脅威。日本はいかに備えるべきか。発生が懸念される首都直下地震の最新の被害想定では、過去の大震災を大きく上回る建物被害が出ることが明らかになった。

東京都は、首都直下地震の被害想定を10年ぶりに見直した。全壊や焼失といった建物被害は約30万棟から約19万棟、死者数は9641人から6148人と、おおむね3分の2に減少した〔図1〕。

想定するのは都心南部直下地震。区部の6割が震度6強で、一部に震度7も見られる。このような激しい揺れが予想される地震でも、被害棟数は10年前に比べて減少した。着実に耐震対策は進んでいる。

〔図1〕震度6強以上の揺れが区部の6割

下は東京都が今回の被害想定で設定した都心南部直下地震の震度分布。震度6強以上の範囲は区部の約6割に広がる。右は10年前の被害想定との比較。建物被害や死者数は3分の2に減少した

(資料:114ページまで東京都の資料を基に日経アーキテクチュアが作成)

■ 前回と今回の主な被害を比較

	2012年 (東京湾北部地震M7.3)		2022年 (都心南部直下地震M7.3)
建物被害合計	30万4300棟	→	19万4431棟
全壊棟数(揺れなど)	11万6224棟	→	8万2199棟
焼失	18万8076棟	→	11万2232棟
死者合計	9641人	→	6148人
死者(揺れなど)	5561人	→	3666人
火災	4081人	→	2482人
避難者	約339万人	→	約299万人
帰宅困難者	約517万人	→	約453万人

※小数点以下の四捨五入により合計が合わない場合がある

■ 都心南部直下地震の震度分布

震度
7
6強
6弱
5強
5弱
4
3以下

0   10km

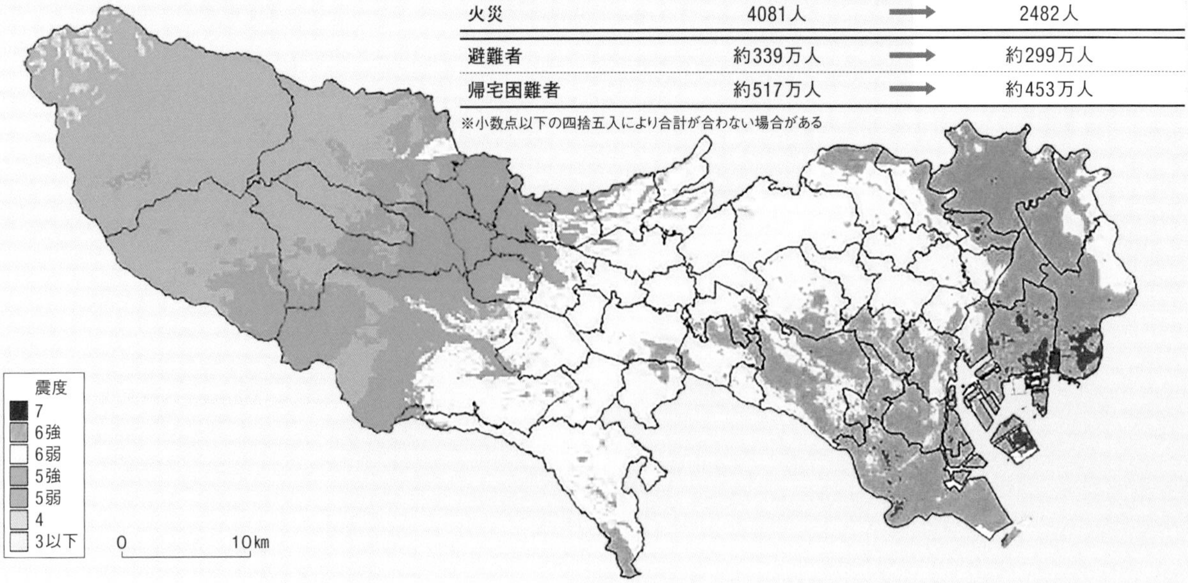

〔図2〕**エレベーターやトイレが使えなくなると在宅避難ができなくなる**

	自宅を取り巻く様相	電力・通信	飲食・物資	トイレ・衛生
発災直後〜1日後	強い揺れが襲い、ライフラインも不通となったが、幸いにも自宅は大きな被害もなく、周囲も火災などの危険はない。また、備蓄もある程度していたため、在宅避難を開始することに ▼大きな揺れや長周期地震動により、中高層階を中心に歩くことが困難化。未固定の本棚の転倒や、キャスター付きの家具やコピー機などの移動で人に衝突 ▼マンションの中高層階ではエレベーターの停止により地上との往復が困難となり、十分な備えがない場合、在宅避難が困難化 ▼液状化が発生した地域では、住宅の傾斜や断水の発生などにより居住が困難化 ▼自宅の片づけなどのために一時帰宅した際に、大きな余震が発生すると、**本震で脆弱化していた建物の倒壊などにより、死傷者が増加する可能性**	▼需要を抑制し、供給とのバランスを図るため、広い地域で計画停電が実施される可能性 ▼多くの携帯基地局で非常用電源が枯渇し、不通地域がさらに拡大 ▼利用が可能な地域でも、輻輳により、携帯電話の通話がつながりにくくなる ▼**メール、SNSなどの大幅な遅配**などが発生 ▼停電が発生した地域では、**電源を利用する電話機（留守番電話、光回線利用型電話など）や、インターネット通信機器（ルーターなど）は使用不能**	▼スーパーやコンビニで、飲食料や生活必需品などが売り切れ、物資を確保することが困難化 ▼避難所外避難者などが、飲食料を受け取りに来るため、**避難所の物資が早期枯渇する可能性** ▼応急給水拠点に、多数の住民が殺到し、長蛇の列となり、夏場などに炎天下で給水を待つ住民が熱中症などになる可能性	▼マンションなどの集合住宅では、水道が供給されていても、排水管などの修理が終了していない場合、トイレ利用が不可 ▼家庭内備蓄をしていた携帯トイレが枯渇したり、トイレが使用できない期間が長期化した場合、在宅避難が困難化
3日後〜	▼家庭内備蓄が枯渇し、時間経過とともに避難所への避難者が増加 ▼大きな余震が続く場合、**在宅避難者が不安などを感じ、屋外に避難するが、冬季は体調悪化による被害の拡大**が懸念 ▼生活ごみや片付けごみが、回収されずに取り残されたり、不法に捨てられたりして、悪臭などの問題が発生	▼発電所の停止など、電力供給量が不足し、利用の自粛が不十分な場合や電力需要が抑制されない場合、計画停電が継続される可能性 ▼**計画停電が実施される場合、基地局の停波や、自宅のWi-Fi設備の機能停止により、さらなる通信障害が発生する可能性**	▼高架水槽を設置する住宅では、水道が供給されていても、停電や計画停電が継続した場合、揚水できず、水道が使えない状態が継続する可能性	
1週間後〜	▼心身機能の低下により、生活不活発病となるなど、**体調を崩す人が増加** ▼電力が復旧しても、保守業者による点検が終了するまでは、エレベーターが使用できず、復旧が長期化する可能性	▼停電が継続する地域では、電源を利用する電話機（留守番電話、光回線利用型電話など）や、インターネット通信機器（ルーターなど）は使用不能 ▼停電により空調が使用できず、熱中症や脱水症状になったり、寒さから風邪をひくなど、体調を崩す可能性	▼道路啓開やサプライチェーン復旧の状況により、**地域ごとに店舗での品ぞろえに偏りが生じる可能性** ▼余震などへの不安などから過剰な購買行動が発生し、慢性的な品不足が継続する可能性	
1カ月後〜	▼心身機能の低下により、生活不活発病となるなど、**体調を崩す人がさらに増加** ▼自宅の再建や修繕を望んでいても、建設業者や職人などが確保できない可能性		▼受水槽や給水管など、**住宅内の給水設備が被害を受けた場合、断水が継続し、復旧が長期化する可能性**	

◆自宅が安全な場合、日頃から十分に備えておくことで住み慣れた自宅にとどまることは有効だが、ライフライン復旧が長期化した場合、生活が徐々に困難化していく

自宅での避難生活で直面する様々な課題を、タイムラインで示した図。中高層のマンションではエレベーターの停止によって地上との往復が難しくなり、在宅避難が困難になる。この他、水や食料の備蓄が底をついたり、トイレが使えなかったりすると在宅避難が難しくなる

　しかし、その数は過去の大きな地震被害と比べても圧倒的に多い。阪神大震災の全壊棟数は約10万5000棟。東日本大震災の場合、津波による流出を含めた全壊棟数は約13万棟。東京の被害はこれらの被害を大幅に上回る。「現在の日本には未経験の未曽有の災害だ」と被害想定をまとめた東京都防災会議地震部会の専門委員を務めた中林一樹・東京都立大学・首都大学東京名誉教授は語る。

建物が無事でも避難が必要に

　今回の被害想定では、数字に表れない定性被害を描くことにも力を入れた。建物被害や人的被害、ライフラインなどについて細かな項目を設定し、合計49項目について記した。

　報告書と一緒に公表した概要資料では「自宅を取り巻く様相」や「繁華街の様相」など5つのシーンについて、建物と暮らし、インフラ、食料などの項目を併記し、発災直後から1

113

〔図3〕在宅避難の促進を主要プロジェクトの1つに据える

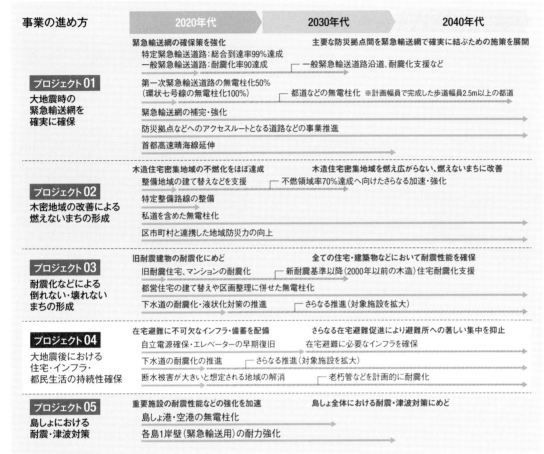

事業の進め方	2020年代	2030年代	2040年代

プロジェクト01
大地震時の
緊急輸送網を
確実に確保

緊急輸送網の確保策を強化　　　　　主要な防災拠点間を緊急輸送網で確実に結ぶための施策を展開
特定緊急輸送道路：総合到達率99%達成
一般緊急輸送道路：耐震化率90達成　　　一般緊急輸送道路沿道、耐震化支援など
第一次緊急輸送道路の無電柱化50%
（環状七号線の無電柱化100%）　　都道などの無電柱化　※計画幅員で完成した歩道幅員2.5m以上の都道
緊急輸送網の補完・強化
防災拠点などへのアクセスルートとなる道路などの事業推進
首都高速晴海線延伸

プロジェクト02
木密地域の改善による
燃えないまちの形成

木造住宅密集地域の不燃化をほぼ達成　　木造住宅密集地域を燃え広がらない、燃えないまちに改善
整備地域の建て替えなどを支援　　不燃領域率70%達成へ向けたさらなる加速・強化
特定整備路線の整備
私道を含めた無電柱化
区市町村と連携した地域防災力の向上

プロジェクト03
耐震化などによる
倒れない・壊れない
まちの形成

旧耐震建物の耐震化にめど　　　　全ての住宅・建築物などにおいて耐震性能を確保
旧耐震住宅、マンションの耐震化　　新耐震基準以降（2000年以前の木造）住宅耐震化支援
都営住宅の建て替えや区画整理に併せた無電柱化
下水道の耐震化・液状化対策の推進　　さらなる推進（対象施設を拡大）

プロジェクト04
大地震後における
住宅・インフラ・
都民生活の持続性確保

在宅避難に不可欠なインフラ・備蓄を配備　　さらなる在宅避難促進により避難所への著しい集中を抑止
自立電源確保・エレベーターの早期復旧　　在宅避難に必要なインフラを確保
下水道の耐震化の推進　　さらなる推進（対象施設を拡大）
断水被害が大きいと想定される地域の解消　　老朽管などを計画的に耐震化

プロジェクト05
島しょにおける
耐震・津波対策

重要施設の耐震性能などの強化を加速　　島しょ全体における耐震・津波対策にめど
島しょ港・空港の無電柱化
各島1岸壁（緊急輸送用）の耐力強化

東京都が「TOKYO強靭化プロジェクト」で地震対策に上げた5つのプロジェクト。4番目の「大地震後における住宅・インフラ・都民生活の持続性確保」は、在宅避難に不可欠なインフラ・備蓄の配備や、在宅避難の促進によって避難所への集中を抑制する

〔図4〕中高層マンションで在宅避難の環境整備

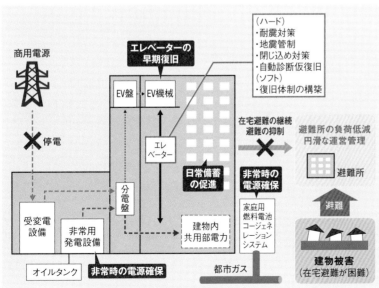

東京都は、避難所への集中を避けるため中高層マンションで在宅避難の環境整備に取り組む。対策の1つが、災害に強いLCP住宅の普及。LCP住宅は、停電時でも水の供給やエレベーターの運転に必要な最小限の非常用電源を確保し、日常備蓄を促進することで在宅避難に適した共同住宅

カ月後までのタイムラインに沿って、起こり得るリスクを示した〔図2〕。

例えば、自宅の建物被害がほとんどなかったとしても、電気が止まってエレベーターが使えなくなると、上下の移動が制約を受ける。さらに、備蓄食料が枯渇すると、水や食料を受け取るために近くの避難所へ受け取りに行かざるを得なくなる。この結果、在宅避難が難しくなり、避難所に行こうとする。ところが、建物が無事な人は避難所の収容定員に含まれていないため、避難ができないかもしれない。

「こうした定量被害以外のところに、東京の本当のリスクが潜んでいる」と中林氏は警鐘を鳴らす。

9.5兆円投じ地震対策

巨大地震に備え、建物の耐震化や在宅避難の促進にどう取り組むか。

東京都は22年12月、「TOKYO強靱化プロジェクト」を公表した。東京都に迫る5つの危機と複合災害に対応するため、都が取り組む強化策を示した。5つの危機として、地震や風水害、火山噴火といった自然災害に加え、電力・通信などの途絶や感染症を設定している。

都は、2040年までに15兆円を投じて対策する。地震については「大地震であっても『倒れない・燃えない・助かる』まちをつくる」を目標に掲げ、40年までに9.5兆円、今後10年間に3.7兆円と、最も大きな額を充てている。

具体的な対策として、5つのプロジェクトを掲げる〔図3〕。その1つに在宅避難対策を設定した。リーディング事業として、災害時に生活を継続しやすいLCP（居住継続性能、Life Continuity Performance）住宅の普及や中高層住宅の自立電源確保促進、エレベーターの早期復旧などマンション防災の充実強化に取り組むとしている〔図4〕。

専門家に聞く 久田嘉章氏 工学院大学建築学部教授 東京都防災会議地震部会専門委員

被害想定は多段階が望ましい

1961年生まれ。2003年から工学院大学教授。専門は超高層建築物の地震対策や地震動のシミュレーションなど（写真：本人提供）

東京都の首都直下地震の被害想定にある震度分布を見ると、非常に広い範囲で震度6強や7の地域が広がっている。これは最大級の巨大地震被害を想定したもので、過去に首都圏で観測された大地震でもこれほど広い範囲で震度6強を超えるような揺れに見舞われた例はない。

防災意識を高めるという点では意味があるが、「建物が潰れ、東京は火の海」などと住民が対策を諦めてしまうと困る。大きな地震の際は、住民の自助や共助で対応できることがたくさんあるからだ。

建物の耐震設計では想定地震を多段階で設定しており、同様に被害想定も多段階にしようと提案している。10年、100年、1000年に一度と、発生頻度に応じて被害の程度は大きく異なり、それに応じて対応も変わってくる。

既に洪水の被害想定では多段階の考え方が取り入れられ始めている。地震の対策も最悪だけでなく、段階的な被害想定を示すべきだ。被害想定は、正しく恐れて対策を促すことが重要だ。諦めずに対策を進めれば被害は限りなく小さくできる。　　　（談）

関東大震災100年の節目

2023年は、1923年に発生した関東大震災から100年目に当たる。小池百合子東京都知事は、「TOKYO強靱化プロジェクト」を関東大震災から100年の節目の年に始動するプロジェクトと位置付け、「これから100年先も都民が安心できる、持続可能な首都東京の実現する」と語る。

都の取り組みをはじめ、巨大地震への備えに関する議論が各所で高まりそうだ。

新耐震基準の住宅に倒壊リスク
都が診断や改修の補助へ

東京都は新耐震基準の木造住宅の耐震化に着手する。2000年以前に建設された約266万戸のうち約20万戸が耐震性不足と推計する。「新耐震は安全」という常識を見直し、一歩踏み込んだ耐震化に乗り出す。

　東京都は、2022年12月に公表した「TOKYO強靱化プロジェクト」の中で、1981年以降の新耐震基準で建てられた木造住宅の耐震化に取り組む方針を明らかにした。

　耐震性が不足する可能性があるのは、1981年から2000年に建設された木造住宅。00年に、柱や横架材の接合部を緊結する金物の規定や、耐力壁の配置バランスを確認する規定などが示されたため、それ以前の木造住宅は規定を満たしていない可能

〔図1〕**新耐震基準の住宅20万戸が耐震性不足**

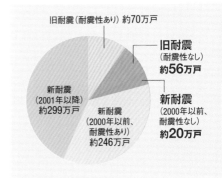

建築物の種類		現状		目標	
特定緊急輸送道路沿道建築物		2002年12月	92.6%	2025年度末	総合達成率99%、かつ、区間達成率95%未満の解消
一般緊急輸送道路沿道建築物		2002年6月	84.3%	2025年度末	耐震化率90%
住宅		2020年3月	92.0%	2025年度末	旧耐震基準の耐震性が不十分な住宅をおおむね解消
	2000年基準	2020年3月	89.1%	2035年度末	耐震性が不十分な全ての住宅をおおむね解消
特定建築物		2020年3月	88.4%	2025年度末	耐震化率95%
防災上重要な公共建築物		2020年3月	98.5%		できるだけ早期に耐震化率100%達成

東京都は、2000年以前に建てられた新耐震基準の住宅のうち、耐震性が不足する建物が20万戸程度あると推計する。新耐震基準の住宅を含めて、全ての住宅の耐震性不足を35年度末までに解消する目標を設定している (資料：117ページまで東京都の資料を基に日経アーキテクチュアが作成)

〔図2〕**旧耐震と新耐震の耐震性能確保で被害を8割減少**

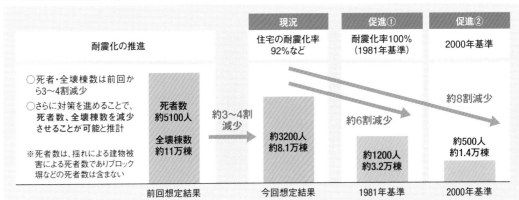

首都直下地震の被害想定では、現況の被害として住宅全壊棟数が約8.1万棟、死者が約3200人と推計する。耐震化の促進策として旧耐震基準の耐震化率を100%にすると、全壊棟数が約3.2万棟、死者が約1200人と6割削減できる。さらに、新耐震基準の2000年以前の住宅の耐震化を進めると、全壊棟数が約1.4万棟、死者数が約500人と、約8割減少できると推計する

性がある。都は、耐震性が不足する住宅を約20万戸と推計している〔図1〕。

住宅の耐震性能を確保すれば、建物や人の被害を低減できる。都の被害想定によると、現況の被害想定と比較して、旧耐震基準の住宅と00年以前の住宅の耐震化を実施すると約8割、被害を減らせると推計している〔図2〕。

都は、23年度に補助事業を開始した。耐震診断や補強設計、耐震改修工事に助成する。旧耐震基準の住宅の助成制度と基本的には同様だ。ただし、建て替えや除却工事は対象外となる〔図3〕。

民間事業者が専属アドバイザー

木造住宅と並んで、都が耐震性能の確保を重点的に進めているのが緊急輸送道路の沿道建物だ。災害時の輸送道路を確保するため、倒壊を防止するのが目的だ。

現在、沿道建物の所有者からの要請に応じて、建築士などのアドバイザーを派遣している。これに加えて、23年度からは専属アドバイザー制度をスタートする。民間事業者が、建物の所有者と連名で申請することで、その建物の専属アドバイザーとなり、継続的に耐震化に関わる〔図4〕。

木造住宅や沿道建物の耐震化は、地震後の在宅避難や物資輸送に力を発揮する。建物の耐震化は、発災後の暮らしを守るための最優先課題に位置付けられている。

〔図3〕**新耐震基準の住宅も旧耐震基準と同様に支援**

	耐震診断		耐震改修		建て替え・除却	
	助成率	上限額	助成率	上限額	助成率	上限額
旧耐震（1981年以前）	2／3	9.2万円／戸	3／5	150万円／戸	3／5	150万円／戸
新耐震（2000年以前）	2／3	9.2万円／戸	3／5	150万円／戸	対象外	

東京都の耐震化の助成制度。2000年以前に建てられた新耐震基準の住宅も、旧耐震基準の住宅と同じように診断や改修を支援する。ただし、建て替えや除去については対象外とした

〔図4〕**民間事業者が所有者と連名で申請**

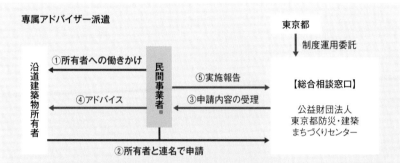

※ 7団体（東京都建築士事務所協会、日本建築構造技術者協会、耐震総合安全機構、マンション管理業協会、東京都マンション管理士会、東京建設業協会、全日本不動産協会東京都本部のいずれか）への所属が要件
ただし、専属アドバイザーの所属要件団体は、委託業者と都との協議の上、追加できる

緊急輸送道路の沿道建物の耐震化を支援する専属アドバイザー制度を開始する。従来は、建物所有者の要請を受けてアドバイザーを派遣していたが、所有者と連名の申請があれば、建築士やマンション管理会社を専属アドバイザーとして認定する

専門家に聞く 中林 一樹氏　首都大学東京・東京都立大学名誉教授／東京都防災会議地震部会専門委員

木造住宅の耐震化は道半ば

東京都が公表している住宅の耐震化率は92%だ。この数字を見ると、東京の住宅の耐震化はもう解決済みと受け取る人も多いだろう。だが、この数字は「戸数」に基づく割合のため、新しいマンションが多い東京都では見かけ上、大きな数字となる。棟数で見ると、旧耐震の木造建物は約70万棟残っている。木造建物全体は約200万棟。多くが住宅と考えられるので、木造住宅の耐震化率は約6割強にとどまっていると推計できる。木造住宅の耐震対策は道半ばだ。

1993年東京都立大学教授。2004年首都大学東京（改組改称）教授。11年首都大学東京（現東京都立大学）名誉教授、工学博士
（写真：日経アーキテクチュア）

一方、都は今回の被害想定で、新耐震基準の木造住宅でも2000年以前の建物には耐震対策が必要なことを示した。これは、国に先んじた取り組みだ。23年度から、都と区市町村が連携して耐震診断や耐震補強に補助金を出す準備を進めようとしている。この取り組みが他の自治体や国にも広がることを期待したい。　　（談）

検証 ✻ 長周期地震動

南海トラフの長周期地震動対策 タワマン改修の補助申請ゼロ

震源のはるか遠くまで影響する長周期地震動。振動周期が長い超高層建築物などが思わぬ被害を受ける可能性がある。南海トラフ巨大地震の危機感が募る中、気象庁の緊急地震速報も始まった。既存建築の改修が急務だ。

　何百キロも離れたところで起こった地震で、立っていられないほどの大きな揺れが——。超高層建築物などで現在、こうした長周期地震動被害が懸念されている。

　超高層が長周期地震動に見舞われた場合、上層階は振幅が1m以上に達する場合すらある。気象庁は

2023年2月1日、まず建物利用者・居住者の避難行動につなげるため、「長周期地震動階級」の緊急地震速報を開始したと発表した。特に強い地震に対して発表する「警報」の場合、4段階の階級のうち3以上が予想される地域に速報を出す〔図1〕。

　従来の緊急地震速報は、通常の震度で4以上が予想される地域に限って警報を出していた。今後は通常の震度が3以下の地域でも、長周期地震動階級3以上が予測されたなら、同じように速報が出る。

　巨大地震ではその発生メカニズムや伝搬経路により、長周期地震動の

継続時間も長くなるとみられ、これは長周期・長時間地震動問題とも呼ばれている。2011年に発生した東日本大震災で、実際にこの懸念が現実化、東京・大阪でも超高層が大きく揺れたのはよく知られるところだ。

　思わぬ被害が出たケースも実際にある。代表例は震源から700km以上離れた大阪市で被害を受けた「咲洲庁舎」だ。55階建て、高さ256mのこの建物では、応答変位により内装を中心に大きな被害を受けた。エレベーターの閉じ込めも発生した。

住宅の申請は「ゼロ」

　将来的な発生が懸念される南海トラフ巨大地震に備え、国土交通省は16年、関東、静岡、中京、大阪の4地域を長周期地震動の対策地域として示した。この4地域で新築される超高層建築物などの設計基準は、17年度から強化された〔図2〕。

　耐震工学の専門家、東京工業大学理工学部研究科建築学専攻の竹内徹教授は、「17年度以降に計画された超高層では、すでに対策が成されている。オフィスを中心に初期の超高層建築物でも改修は進んできている」と、現在の状況を説明する〔写真1、

〔図1〕**長周期地震動が超高層建築物に与える影響**

階級	人の体感・行動	室内の状況	そのほかの被害
1	室内にいたほとんどの人が揺れを感じる。驚く人もいる	ブラインドなど吊り下げものが大きく揺れる	
2	室内で大きな揺れを感じ、物につかまりたいと感じる。物につかまらないと歩くことが難しいなど、行動に支障を感じる	キャスター付き什器がわずかに動く。棚にある食器類、書棚の本が落ちることがある	2023年2月1日 緊急地震速報の 発表基準に追加
3	立っていることが困難になる	キャスター付き什器が大きく動く。固定していない家具が移動することがあり、不安定なものは倒れることがある	間仕切り壁などにひび割れ・亀裂が入ることがある
4	立っていることができず、はわないと動くことができない。揺れにほんろうされる	キャスター付き什器が大きく動き、転倒するものがある。固定していない家具の大半が移動し、倒れるものがある	間仕切り壁などにひび割れ・亀裂が多くなる

超高層建築物は長周期地震動と共振しやすく、大きな影響を受けやすい。気象庁によると超高層建築物では、長周期地震動階級3で「立っていることが困難」になり、階級4で「はわないと動くことができない」状況になる（資料：気象庁の資料を基に日経アーキテクチュアが作成）

図3、4〕。

国交省は4地域に立つ超高層建築物などを対象に、対策に必要な費用を補助する制度を設けている。だが、区分所有者が多数に上るタワーマンションで、改修が進んでいない。国交省によると、「補助を始めてから22年度まで、用途区分『住宅』の申請は1件もない」(市街地住宅整備室)。国の補助は設計段階で3分の1、工事段階で11.5%にすぎない。多大な所有者負担が発生するだけに、「住民の合意形成を図るのが難しい」と、国交省も課題認識を示す。

さらに、関東大震災をもたらした相模トラフについても長周期地震動対策の検討が進んでいる。首都圏では、さらなる対策が求められる可能性がある。

〔写真1〕**新宿住友ビルでは他に例のない手法を採用**
三角形に近い平面形状が特徴の新宿住友ビルでは、三角平面のコーナー付近に、長さ約170mのロッドを設置し、下端部に制振ダンパーを組み込んでいる(写真:吉田誠)

〔図2〕**対策が必要な4地域**

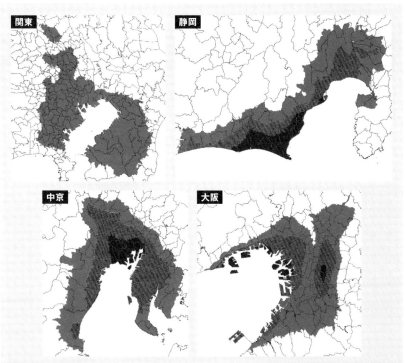

対策地域は関東、静岡、中京、大阪の4地域。緑は、南海トラフ巨大地震の長周期地震動が、建物の設計時に想定した地震動の大きさを上回る可能性が「ある」エリア。赤は「高い」、青は「非常に高い」。これらの地域を対象に、国土交通省は超高層建築物の改修を促す補助制度を設けている(資料:国土交通省)

〔図3〕**制振改修の手法は主に3つ**
国土交通省は長周期地震動対策の補助制度を周知する資料のなかで、既存超高層建築物の主な改修手法として、TMD(チューンド・マス・ダンパー)、鋼材系ダンパー、オイルダンパーの3つを紹介している。これらの改修手法で建物の揺れの継続時間を短くする(資料:国土交通省)

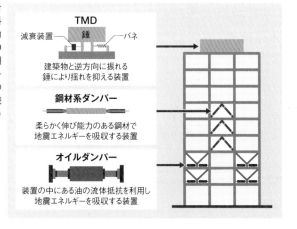

〔図4〕**1970年代に竣工した初期超高層ビルの改修が進む**

建物名	改修年	改修方法	改修設計	改修施工
新宿センタービル	2009年	15〜39階に変位依存型オイルダンパーを288基設置	大成建設	大成建設
新宿三井ビル	2015年	頂部に重量300トン、可動振幅2mの大型TMD6基設置。5〜10階にオイルダンパーを48基設置	鹿島	鹿島
新宿住友ビル	2020年	平面3隅部に鋼棒と回転慣性質量ダンパーを組み合わせたチューンドマスダンピングロッドを設置	日建設計	大成建設

2000年代終盤以降、東京・西新宿に立つ初期超高層ビルで長周期地震動への対策が進められた。表の3件は、いずれも1970年代に竣工している。改修の方法は様々だ(資料:取材を基に日経アーキテクチュアが作成)

被災後「中に戻って大丈夫?」
安全性を判定・表示するビル

巨大地震では応急危険度判定を要する建物が膨大な数に上る。余震が来ても大丈夫な状態なのか、建物自体がアナウンスするようになれば、建物の再起動は早くなる。実大振動実験による技術検証も行われた。

ビルを模した試験体が加振で大きく揺れた瞬間、壁面のライン照明が一斉に赤色へ切り替わった。2023年2月17日、防災科学技術研究所・兵庫耐震工学センター（兵庫県三木市）の3次元振動実験施設（通称：E-ディフェンス）で行われた、「センシング・光アラートシステム」の公開実験の模様だ〔写真1〕。

加振が終了して揺れが収まると、今度はビルの隅に近い側のライン照明が緑色に変化した。このシステム

〔写真1〕建物の変形度合いを瞬時に表示
加振中の試験体。一定の変形度合いを超えた階のLED照明が赤色に変わる仕組みだ。建物を高さ方向に4区分し、それぞれ外装で傾斜を自動計測して即時表示につなげている
（写真：右ページも池谷 和浩）

は、地震が襲ったとき、建物がどの程度揺れたか、被災後にどうなったか、被災度を建物が自動で判定して「見える化」するものだ。

技術的にはほぼ完成

公開実験は防災科研が実施主体となり、建設会社やメーカー、研究機関など7者が加わって行われた。試験体は一般的なオフィスビルを模したもので、高さ26.9m、10階建ての鉄骨 (S) 造だ。

現行の耐震基準に基づき、耐震構造として設計したこの試験体を、阪神大震災の際に神戸海洋気象台が観測した地震波「JMA神戸波」(震度6強相当) で揺らした。

加振後の後の記者会見で、実験チームはまず、試験体では3階で最大50分の1の層間変形角が確認されたと明らかにした〔写真2〕。

ただ「実験後の残留変形はほとんどなく、応急危険度判定でも『安全』(緑色) に区分される可能性が高い状態」(防災科研の梶原浩一・実験総括) だったという。

実験ではセンサーが構造躯体の応答変形を捉え、システムが正常動作することが確認されたことから、梶原実験総括は「見える化に関するハードウエア面はほぼ完成の域に来た」と成果を説明した。

変形75分の1で「赤」に

試験体はアルミカーテンウオール

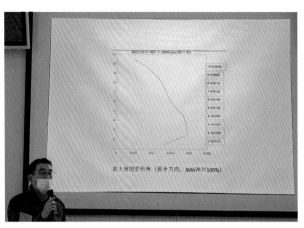

〔写真2〕**最大で50分の1まで変形**
実験後の会見では、速報値として低層部分が最大約50分の1まで変形したことが報告された。被災後の安全性について、一般の管理者や利用者の不安は相当なものになると予想される

〔図1〕**外装照明で「見える化」**

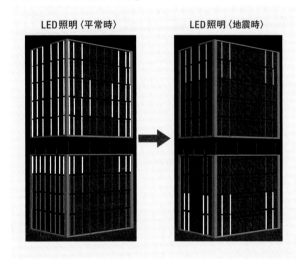

LED照明〈平常時〉 　 LED照明〈地震時〉

センシング・光アラートシステムの概要。地震時、緑、黄、赤の3色で変形度合いや残留変形の有無を表示する。平常時も様々な色で点灯させることが可能だ
(資料:防災科学技術研究所)

で外装を仕上げており、こうした外装の設置状況まで忠実に再現した実大試験体による振動実験は今回が世界で初めてだという。センシング・光アラートシステムは、このカーテンウオール部材の方立にセンサーを、窓枠にLEDのライン照明を組み込んだものだ〔図1〕。

試験体では、傾きが計測されたら照明を黄色に、層間変形角75分の1以上となったら赤色になるよう設定していた。S造の場合、応急危険度判定において残留変形が200分の1以上50分の1超を「要注意」(黄色)、同50分の1以上を「危険」(赤) と判定されることを踏まえ、安全率を見込んでこの設定に至ったと梶原実験総括は語る。

大地震でビルが大きく揺れれば利用者は外部への一時避難を余儀なくされる。再び戻るための安全性確認には時間がかかるだけに、こうしたセンシング技術、見える化技術の社会実装が急がれる。

始まった免震・制振革命

巨大地震「無被害」は可能か
最新技術の現在地

首都直下地震、南海トラフ地震などが懸念される日本で、建築物は長期的に「無被害」を実現できるのか。耐震工学の専門家で自身も構造家として活躍する竹内徹・東京工業大学教授に、日本の技術水準を聞いた。

「"大地震"をいわゆる『レベル2地震動』だとするなら、今の技術を使えば被災後の継続利用は十分に実現できる。順を追って説明したい」

取材に対し、そう切り出した竹内教授。このコア技術こそが、免震、制振技術だ——と続ける。

レベル2地震動とは、構造設計で想定する「極めてまれに発生する地震動」を指す。日本の耐震基準は数百年に1度の発生頻度を前提として、この地震で生じる地震力などを定めている。ただし耐震基準は社会における最低水準を定めたもの。仮に建物が大破しても、倒壊・崩壊せず、内部の人命が守られればよい、という考え方に立つ。

一方、竹内教授がいう「継続利用が可能」なレベルとは、大地震後も建物が機能し続け、利用価値を保つレベル、限りなく「無被害」に近い水準を指している。

免震、制振技術はこの20年ほどで急速な進化を遂げている。竹内教授のまとめによると、こうした技術は敷地条件や建物形状に合わせ、様々なアイデアが導入されて多様化している。背景には、構造技術者の間で統一的な性能設計の指標が確立したことがあるという〔図1〕。

きっかけは阪神大震災

日本の耐震基準は、建築基準法の前身である「市街地建築物法」が1919年に制定されたのが始まりだ。関東大震災が起こる4年前に当たる。ただ基準の制定後も、最低基準を満たせば十分、という考えは根強かった。

社会全体が耐震化を強く意識する契機となったのは、95年に発生し

竹内徹（たけうちとおる）
東京工業大学理工学研究科建築学専攻教授
1960年生まれ。東京工業大学総合理工学研究科博士課程修了、2009年より現職。修士課程修了後、新日本製鉄に入社し、英国 Ove Arup & Partners に派遣された経験も。技術士（建設）、構造設計1級建築士（写真：池谷和浩）

〔図1〕融合を始めた免震・制振技術

竹内研究室がある東京工業大学「緑ケ丘1号館」。竹内教授も設計に参画して、外殻に制振改修を施した（写真：池谷和浩）

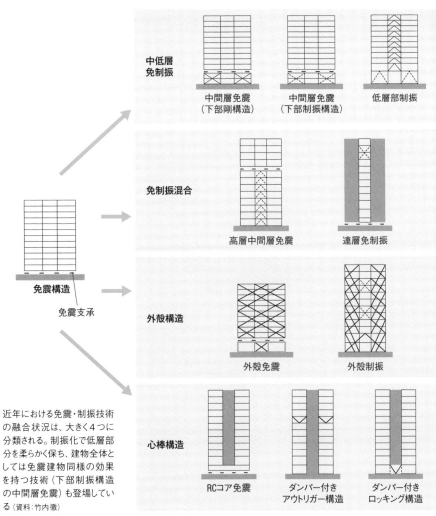

中低層
免制振

中間層免震
（下部剛構造）　中間層免震
（下部制振構造）　低層部制振

免制振混合

高層中間層免震　連層免制振

外殻構造

外殻免震　外殻制振

心棒構造

RCコア免震　ダンパー付き
アウトリガー構造　ダンパー付き
ロッキング構造

免震構造

免震支承

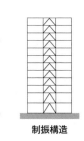

制振構造

近年における免震・制振技術の融合状況は、大きく4つに分類される。制振化で低層部分を柔らかく保ち、建物全体としては免震建物同様の効果を持つ技術（下部制振構造の中間層免震）も登場している（資料：竹内徹）

「RCコア免震」を採用して現在建設中の「新TODAビル」の完成イメージ（資料：戸田建設）

「外殻免震」を用いた「ダイヤゲート池袋」。上部構造の構造要素を外殻に集めることで内部空間を広くした（写真：安川千秋）

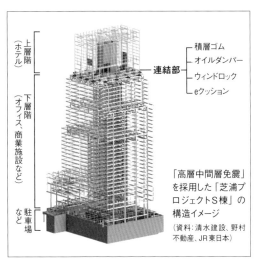

上層階
（ホテル）

下層階
（オフィス、商業施設など）

駐車場

など

連結部

積層ゴム
オイルダンパー
ウィンドロック
eクッション

「高層中間層免震」を採用した「芝浦プロジェクトS棟」の構造イメージ（資料：清水建設、野村不動産、JR東日本）

〔図2〕層間変形角が性能設計の指標に

■JSCA性能設計メニューの3レベル

地震の大きさ／被害の程度	まれに発生する地震動（震度5程度）	かなりまれに発生する地震動（震度5強程度）	極めてまれに発生する地震動（震度6強程度）	余裕度検証用の地震動（震度7程度）
無被害～軽微な被害	基準級	上級	特級	—
小破	—	基準級	上級	特級
中破（～大破）	—	—	基準級	上級

■各レベルの最大層間変形角

地震の大きさ		まれに発生する地震動（震度5程度）	かなりまれに発生する地震動（震度5強程度）	極めてまれに発生する地震動（震度6強程度）	余裕度検証用の地震動（震度7程度）
高層RC造フレーム構造	特級	1/500	1/300	1/150	1/100
	上級	1/300	1/150	1/100	1/75
	基準級	1/300	—	1/75	—
高層RC造壁フレーム構造	特級	1/800	1/400	1/225	1/150
	上級	1/400	1/225	1/150	1/100
	基準級	1/400	—	1/100	—

JSCA性能設計メニューの概要。現行耐震基準と同等の「基準級」に加え、「上級」「特級」をそれぞれ設定、計画段階において要求性能レベルを3段階に整理した。高層のRC造フレーム構造の場合、特級を達成するには「極めて稀に発生する地震動」の際も層間変形角を150分の1に抑える必要がある。これは基準級の半分の変形角だ
（資料：日本建築構造技術者協会）

た阪神大震災だ。住宅やビルが数多く倒壊、多数の死傷者が出た。この地震では、主要な構造部分が小破で済んだのに、実質的な利用価値を失う被害も大量に発生した。補修や建て替えには長い年月を要した。

「建物の倒壊を防ぎ、さらに被災後も継続利用を可能とするには、揺れの応答変位をいかに抑えるかがカギになる。これこそが阪神大震災の教訓だ」（竹内教授）

建物が大きく変形し、重心の位置が一線を越えれば倒壊に至ってしまう。倒壊が避けられたとしても、変形が大きければ大被害は避けられない。この教訓から、応答変位の制御が技術開発上の命題となった。

竹内教授は、「例えば鉄筋コンクリート（RC）造の雑壁は、層間変形角250分の1から壊れ始める。このレベルの変形で柱や梁が崩壊することはないが、マンションならひび割れだらけの住宅になってしまう」と、最低基準を超えた性能の重要性を語る。

課題解決に向け、日本建築構造技術者協会（JSCA）がまとめたのが「JSCA性能設計メニュー」だ。06年に初版を発行、18年に改訂した。計画時点での要求性能を3段階で設定したもので、この性能レベルを決定付ける指標こそが層間変形角だ。特に性能設計レベル「特級」を達成するには、免震技術が欠かせないという〔図2〕。

今や「無被害」も目指せる状況にある、と語る竹内教授は、こう説く。

「最終的に、日本の全ての建物に免震・制振技術が導入されるべきだ。建物の長期利用が可能となれば、決して高い投資とはならない」

社会実装の加速がカギ握る

こうした制御デバイスは今も発展を続けている。例えば、次世代型原子炉の検討においても、免震技術の研究が進む（右ページ上の囲み）。技術的には「壊れない都市」も可能な水準が見えてきた。

技術の社会実装の加速に向け、一層のコストダウン、確実な品質確保といった生産面も重要度が増す。建設会社が免震デバイスの製造・販売に参画するプロジェクトも始まった。

参画した高松建設は、社会を揺るがせた「免震偽装」事件を背景として、「偽装問題を根本的に解決する免震建物の生産プロセスを確立する」（同社安全・品質監理本部・技術研究所の松森泰造副所長）と意気込む（右ページ下の囲み）。

上下・左右の2方向で地震力を低減

〔図3〕試作品による技術検証を実施

ユニット型3次元免震装置の2分の1
縮尺試験体

■ 支承の直下に皿ばねを付加

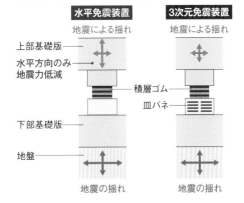

■ 原子炉建屋も支えられる

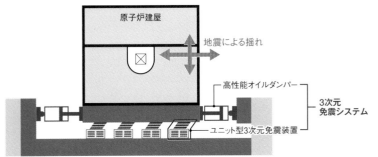

3次元免震システムのイメージ。水平免震機能と上下免震機能を1つのユニットにまとめることで、設置計画が容易になり、メンテナンス性も向上するという（写真・資料：上2点も日本原子力研究開発機構）

日本原子力研究開発機構（原子力機構）が2022年9月「3次元免震システム」を公表した。上下方向の揺れを低減するため、積層ゴム系支承の下部に皿ばねを備えた「ユニット型3次元免震装置」がその中心デバイスとなる。

通常の免震デバイスは水平方向の動きを柔らかくし、振動周期を長くすることで共振を防ぐ。ユニット型3次元免震装置は上下方向でも同様の効果を発揮する。2分の1縮尺の試験体を使った繰り返し載荷試験により、支承とダンパーの組み合わせのみで上下のロッキング運動が抑えられることも確認したという〔図3〕。

次世代型原子力システムの安全性向上を目的として開発された技術だが、原子力機構では「精密機器工場やデータセンターなど一般建築物への応用も期待できる」としている。開発には富山県立大学、東京電機大学、大林組など7者が参画している。

建設会社も免震デバイス開発に参入

〔写真1〕大量生産方式を採用

高松建設は2022年12月、新たな高減衰積層ゴム系支承を実用化したと発表した。東京都市大学、化成品などのメーカーであるモルテン（広島市）と共同開発した。今後、指定建築材料（免震材料）の大臣認定取得を進め、24年の販売開始を目指す。

高松建設は「建物規模ごとにデバイスの形状を変えず、設置数を増減させる方針を採用することで、デバイスの大量生産が可能になる」とコンセプトを説明する〔写真1〕。

生産フローを見直し、まず試験済みのデバイスをメーカーが在庫。納入が予定されるデバイスの試験データを構造計算に用いる構想だ。デバイスの性能が多少ばらついたとしても、構造設計でその特性を反映できるため、同社では「免震偽装問題の根本的な解決につながる」と見る。

デバイス設計	→	デバイス生産	→	全数試験	→	在庫	→	デバイスの試験データを基に構造設計	→	施工

上の写真は試作した積層ゴム系支承。縦に細長い形状とすることで変位量を稼ぐ。部材断面が小さくなるので製造もしやすい

（写真：高松建設、資料：取材を基に日経アーキテクチュアが作成）

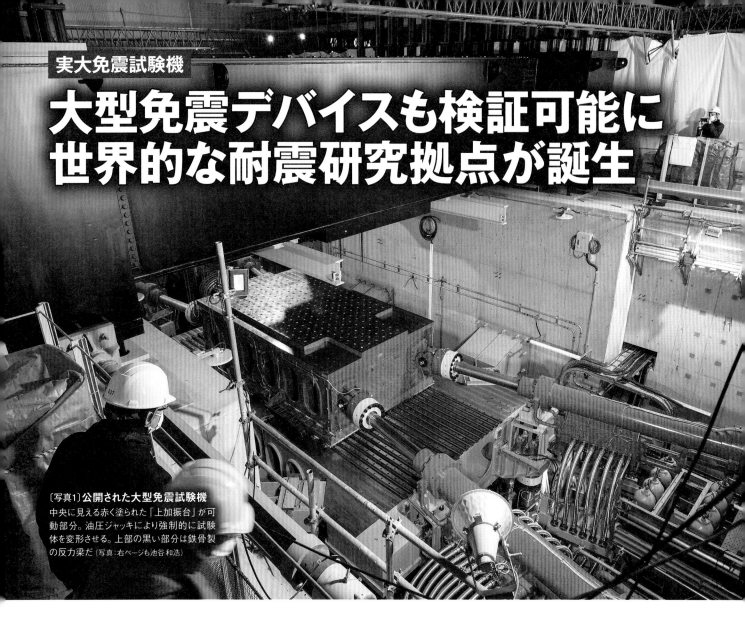

大型免震デバイスも検証可能に
世界的な耐震研究拠点が誕生

[写真1]公開された大型免震試験機
中央に見える赤く塗られた「上加振台」が可動部分。油圧ジャッキにより強制的に試験体を変形させる。上部の黒い部分は鉄骨製の反力梁だ（写真：右ページも池谷和浩）

国内最大の免震デバイス試験機が始動する。免震支承などに油圧で大変位を加え、その実力を確認するもので、関係者は「免震・制振技術の信頼度は一気に向上する」と期待を寄せる。

コンクリート製反力壁に囲われた中で、赤く塗られた加振台が始動を待っている。2023年4月に開所を予定する実大免震試験施設「E-アイソレーション」の内部だ。23年2月、関係者向けに公開された［写真1、2］。

施設は、国の戦略的イノベーション創造プログラム（SIP）予算により、防災科学技術研究所・兵庫耐震工学研究センター（兵庫県三木市）の隣接敷地に整備された。運営を担うのは免震研究推進機構（略称：jsil、代表理事：和田章・東京工業大学名誉教授）。jsilは試験機の整備・運営を目的として新たに設立された財団法人だ。

免震建物は上部構造と地面の間に免震デバイス（積層ゴム系支承な

ど）を設け、上部構造に伝わる振動の周期を変えている。ただ、大規模建築物などに向けデバイスが大型化するにつれ、建物が大地震に遭った際のデバイスの動きを確認することが難しくなっていた。

これまで日本国内には大型試験機は存在せず、デバイスは従来、ミニチュアの試作品による試験を併用しながら開発・製造が進められていた。デバイスメーカーの検査だけで性能確認ができない場合は、米国や台湾

〔写真2〕完成前の「E-アイソレーション」
実験施設「E-アイソレーション」の外観。2月の取材時点では、工事の
ため前面の壁を取り付けていない状態だった

〔図1〕免震デバイスの「実力」を測る

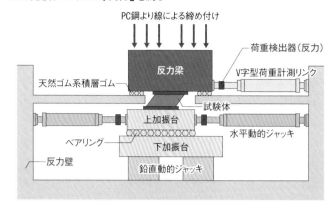

新設された試験機の概要。試験体となる免震デバイスを反力梁と加振台に挟み、鉛直
荷重を掛けながら水平に加力する。反力の荷重検出も同時に行うことでデータ校正を
容易にする工夫をしている（資料：下も免震研究推進機構）

など他国の試験機関に持ち込まざる
を得なかった。

国内唯一、最大規模に

　新設された試験機は免震支承の
場合で1辺約1.5mまでの大型デバ
イスを受け入れることができる。これ
は現在の日本で唯一、最大の規模だ
〔図1、2〕。

　静的試験の場合、鉛直方向に3万
6000kNを載荷しながら、水平に
±1.3mの変位を与えられる。この際
の水平加力は最大6500kNに達す
る。こうしてデバイスが建物の重さを
受けながら大変形した際の性状を確
認する。動的試験では、80カイン（m
／秒）の速度でデバイスを繰り返し
変形させることが可能だ。

　試験機開発に携わった竹内徹・東
京工業大学教授は、「他国の試験機
関にも引けを取らない試験機で、緻
密なデータがすぐ得られるというメ
リットがある」と胸を張る。

〔図2〕下部構造も同時に試験できる

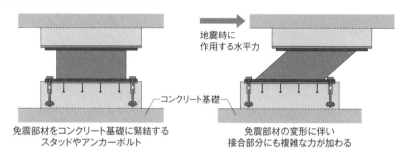

免震部材をコンクリート基礎に緊結する
スタッドやアンカーボルト

地震時に
作用する水平力

免震部材の変形に伴い
接合部分にも複雑な力が加わる

試験機の規模を大型化したことで、積層ゴム系免震支承などを定着させるアンカーボルトなど、周辺部材と
の同時試験も可能になる。こうした複合的な試験はこれまでできなかった

　jsil代表理事の和田名誉教授は、
建築界における実大免震試験機の
意義を次のように語る。

　「飛行機、自動車といった人間の
生命・財産を担う工業製品は、極限
の壊れ方まで確認した上で出荷され
るのが常だ。この試験機の登場で、
建築物の免震・制振技術もようやく
その水準に追い付く」

　建築物の耐震性は、大地震が起
こるまでその実力や真価が分から
ない。だからこそ、信頼性や限界

域の性状などを積極的に証明しな
ければ、社会の負託は受けられな
い——。和田名誉教授はそう強調
する。

　大型試験機の登場で、免震技術
の発展も期待できる。将来的に、油
圧による動力を増強すれば、現在懸
念が高まっている長時間・長周期地
震動の再現も可能になるという。繰
り返し変形でデバイスがどのように
熱を発し、性能変化するかなどの実
証も期待される。

大地震は再び必ずやって来る
「壊れない建物」が必要だ

来るべき大地震に向け、建築界はどう行動すべきか。構造設計の実務家でもある中澤昭伸・日本免震構造協会会長、耐震工学の第一人者である和田章・東京工業大学名誉教授に、次世代に向けた提言を聞いた。

提言①中澤昭伸氏
内部空間の安全性の指針を

——日本の耐震を巡る現在の状況をどのように見ていますか。

中澤 日本には免震、制振という世界でもトップレベルの構造技術が存在するのに、数年に1度の頻度で地震被害が繰り返されている。我々の調査では、病院や庁舎といった重要拠点では免震建物の採用が進んでいるものの、全体としては熊本地震以後、採用数は減っている〔図1〕。

——具体的な提言は。

中澤 地震による振動被害の実態について、未だに理解が進んでいない。例えば住宅性能表示制度における「耐震等級3」だ。想定する地震力を1.5倍として、固い建物になるよう計画する。確かに、それなら構造躯体は強い揺れでも大丈夫かもしれないが、建物全体の応答加速度はその分だけ上がる。内部の家具や設備は吹き飛び、居住者が大けがを負うリスクも無視できない。

施設建築物の場合でも、ほぼ同様の耐震設計が行われる場合が少なくなく、内部空間の安全性についてはもはや、国が何らかの指針を示す時期に来ていると感じている。

日本の免震デバイスは非常に優れた建築材料で、積層ゴム系支承には、他国製に比べて変形性能が2倍に達するものもある。こうした技術開発の次の段階、更なる普及の道筋をどう描くかが課題だ。

個人的には、確認申請において大臣認定が不要な免震建物、「告示免震」がもっと増えても不思議はないと考えている。ただ計算方法が難しいという声が挙がっており、協会としては今後、計算方法の簡素化などを目指して検討を進めていく予定だ。

提言②和田章氏
「損傷許容設計」では危うい

——日本の耐震設計の課題は何でしょうか。

和田 被災した建物が継続利用できるかは、あらゆる社会活動に影響する。例えば各地の災害現場で災害派遣医療チーム（DMAT）が活躍しているが、被災地の病院建物が健全

確認申請を受けやすい告示免震の計算合理化に、協会を挙げて取り組む

中澤昭伸（なかざわあきのぶ）
日本免震構造協会会長
1949年生まれ。73年、武蔵工業大学（現・東京都市大学）建築学科卒業、織本匠構造設計（現・織本構造設計）入社。2010年から同社社長、20年から同社最高技術顧問、監査役。日本免震構造協会では理事などを歴任、22年6月から現職（写真：右ページも池谷和浩）

〔図1〕**免震採用数、熊本地震後も大きくは伸びず**

■ 免震建築物の計画推移（棟数）

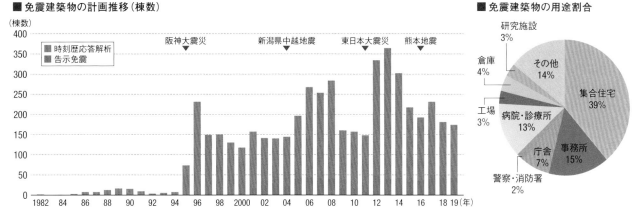

2022年時点における日本免震構造協会の調査結果。左は免震建物の計画数を時系列で見たもの。熊本地震（16年発生）以後も大きくは増えていない。右は累計で見た免震建物の用途割合。病院、庁舎の比率が徐々に高まっている（資料：日本免震構造協会の資料に日経アーキテクチュアが加筆）

でなければ拠点になり得ない。東日本大震災の際は、免震建物だった石巻赤十字病院がまさにその拠点機能を維持していた（2012年に日本免震構造協会賞特別賞）。

日本には現在、耐震、制振、免震という構造設計の選択肢があり、最も普及しているのは耐震設計だ。だがこれは「損傷許容設計」なので、この病院のような継続利用が可能かは分からない。こうした点は社会の課題としてもっと知られるべきだ。

——課題解決の提言は。

和田 関東大震災から100年という節目を迎える我が国だが、これから50年先、100年先の都市はどんな姿となっているか、改めて考える時期に来ている。

少なくとも、これから東京に建てられる建物は、供用期間中に首都直下地震に見舞われることを覚悟すべきだろう。

国レベルで考えれば、建物のライフサイクルが長いほど社会資産が蓄積していくのだから、地震で壊れるか、壊れないかは莫大な差だ。資産としても、新築・改修で免震・制振技術を導入する意義は高いと改めて言っておきたい。

免震技術を巡ってはよくコストが問題とされるが、すでに日本でも実績は数多く、免震技術を導入したらむしろコストダウンになった、という事例も出ている。上部構造の設計が変わるためだ。

建築家と構造技術者の連携も、まだまださらに深まっていくべきだ。免震と言うだけで構えてしまう設計者は少なくないが、免震技術を駆使すれば柱を細くでき、よりシャープになる。建築家の安藤忠雄さんの作品にもそうしたものがあるが、そんな技術と新たなデザインが融合する建築界になってほしいと願っている。

これから東京に立つ建物は、供用期間中に首都直下地震に見舞われると考えた方がよい

和田 章（わだ あきら）
東京工業大学名誉教授、
免震研究推進機構代表理事

1946年生まれ。70年、東京工業大学大学院理工学研究科建築学専攻修士課程修了、日建設計入社（構造設計）。博士課程を経て82年から東工大助教授、96年から東工大教授。2011年から東工大名誉教授。11年から13年まで日本建築学会会長、14年から22年まで日本免震構造協会会長を務めた

いま巨大地震起こったら

関東大震災からちょうど100年に当たる2023年。トルコ南東部では2月に、この震災と共通点の多いマグニチュード7.8の大地震が発生した。いつ起こってもおかしくない巨大地震への対策はどこまで進んでいるのか。橋や盛り土、水道など、土木の分野別に地震対策の現状と今後の課題を探った。(青野 昌行、奥山 晃平)

ユーラシア
プレート

想定震源域

フィリピン海
プレート

南海トラフ巨大地震

最大死亡者数
(想定):
23万1000人

最大全壊・焼失棟数
(想定):
209万4000棟

が

トルコ・シリア大地震

死亡者数:
5万人以上

大きな被害を
受けた棟数:
20万棟以上

←————— 300kmほど —————→ 震源域

1923年関東地震

死亡者数:
10万5000人

全壊・焼失棟数:
29万棟

130km
ほど ← → 震源域

日本海溝・千島海溝地震

最大死亡者数(想定):
19万9000人

最大全壊・焼失棟数
(想定):**22万棟**

北米プレート

太平洋
プレート

相模トラフ地震

最大死亡者数(想定):**?**

最大全壊・焼失棟数(想定):**?**

日本海溝・千島海溝地震と南海トラフ巨大地震は
内閣府の中央防災会議による被害想定。前者は
2021年、後者は19年に公表された。当面発生す
る可能性が低いとされるM8後半の相模トラフ地
震は、被害想定が出ていない
(出所:中央防災会議の資料や取材を基に日経ク
ロステックが作成)

CONTENTS

関東大震災から100年
M8級巨大地震への備えは十分か ……… ▶132

道路橋の地震対策を阻む壁
検討するも白紙に戻った特殊橋 ………… ▶134

原形復旧の問題露呈した被災3橋
橋桁などを軽くして耐震性向上 ………… ▶136

地震で崩れる盛り土
新法施行でも既設のリスクは拭えず … ▶140

歩み遅い水道施設の耐震化
国交省移管で災害対応強化に期待 ……▶144

堤防の耐震補強は後回し
「対策着手は100年先」との声も ………▶146

津波の想定見直しに困惑
避難タワーや復興住宅も浸水か ………▶148

M8級巨大地震への備えは十分か

トルコ・シリアに甚大な被害をもたらしたM8級の巨大地震は、日本にとって人ごとではない。
日本でも似たような性質を持つ地震が1923年に起こっており、再び発生する恐れがある。
巨大地震に備えて、現状の地震対策の進捗や課題を把握しておくことが不可欠だ。

2023年2月にトルコとシリアの国境付近で発生した巨大な地震は記憶に新しい。破損が生じたのは、約300kmに及ぶ長大なプレート境界。日本列島を縦断する断層帯「中央構造線」とほぼ変わらない長さだ。

地震の大きさを示すモーメント・マグニチュード（Mw）は7.8。さらに9時間後に連鎖し、最初の震源から100kmほど離れた場所でMw7.5の地震が起こったため、被害が拡大した。23年4月末時点で判明している死者の数は5万人を超える。インフラの損傷も大きく、地震による地割れで道路などが崩壊した。

トルコと日本は1万km近く離れていることもあり、なかなか実感が湧かないかもしれない。ただ、地震大国の日本に住んでいる以上、対岸の火事ではない。

「トルコ・シリア大地震のようなタイプは、日本でも発生した記録が残っている」。観測地震学を専門とする東京大学の平田直名誉教授はこう指摘する（資料1）。

今から100年前の1923年に関東大震災を引き起こした関東地震が、まさにそれだ。平田名誉教授によると、2つの地震には類似点が多い。

まず、地震がプレート境界付近で発生した点だ。一般的に、プレート境界型の地震は規模が大きくなる傾向がある。関東大震災では、マグニチュード（M）7.9の地震が起こった。トルコ・シリア大地震に匹敵する規模だ（資料2）。

さらに、震源が内陸直下という点も共通する。都市の直下で発生したため、被害が大きくなった。

内陸直下型の地震は、この数十年の間に日本で複数回起こっている。例えば、2016年の熊本地震や1995

トルコ・シリア大地震と関東地震は同じタイプ

資料1■ 東京大学の平田直名誉教授
（写真：日経クロステック）

資料2■ M7後半の内陸直下型地震は日本で100年前

	規模（M）	深さ（km）	
2023年トルコ・シリア大地震	Mw7.8	18	
2016年熊本地震	Mw7.0	10	
1995年兵庫県南部地震	Mw6.9	16	プレート境界型
1923年関東地震	M7.9	23	

日本で起こった主な内陸直下型地震とトルコ・シリア大地震の規模と震源深さ
（出所：平田直名誉教授の資料や取材を基に日経クロステックが作成）

年の兵庫県南部地震（阪神大震災）は、M7後半を記録するほどの地震ではなかったにもかかわらず、甚大な被害が生じた。

日本では幸いなことに、トルコ・シリア大地震のようなM8級で内陸直下型の地震は関東地震以降、100年間起こっていない。今後発生する恐れはないのだろうか。

政府の地震調査研究推進本部は2014年4月、内陸直下型でM8クラスの地震が30年以内に0〜5％の確率で発生すると発表。19年には0〜6％に引き上げた。最新の発表から数年たつので、確率はさらに上がっているはずだ。

平田名誉教授は「6％は決して低くない」と話す。例えば、30年以内に火災に遭う確率は5％にも満たないが、火災保険の加入率は高い。地震でも同じように、しっかりとした対策を講じなければならないが、巨大地震に備えている家庭は火災と比べても圧倒的に少ない。

完全な地震対策は難しい

もちろん、日本は度重なる震災の経験を経て、構造物の耐震化を進めてきた。

主に橋梁工学を専門とする城西大学の藤野陽三学長は、「1995年の阪神大震災で多くの道路橋が壊れ、橋のリスクがあらわになった。次の年には耐震設計基準が改定され、耐震性が大きく向上するとともに、被害も目立たなくなってきた」と説明す

想定外をつぶす
耐震化が必要

資料3■ 城西大学の藤野陽三学長
（写真：日経クロステック）

資料4■ 2022年3月の福島県沖地震で損傷した東北新幹線「第一小坂街道架道橋」の柱（写真：村上 昭浩）

る（資料3）。

それでも、被害を完全に抑えることは難しい。2022年3月に起こった福島県沖を震源とするM7.4の地震では、耐震補強の優先度が低く判定されていた橋台に、想定外の損傷が生じた（資料4）。

さらに日本では、地震の揺れによる被害だけでなく、南海トラフ巨大地震や日本海溝・千島海溝地震をはじめとする海溝型地震による津波も考慮しなければならない。

M7級の地震対策だけでも、解決しなければならない課題は多い。次ページからは、橋や堤防、水道、盛り土など様々な構造物に焦点を当て、耐震対策の現在地と乗り越えるべき課題に迫る。

検討するも白紙に戻った特殊橋

緊急輸送道路の橋では、最大級の地震で被災しても速やかに復旧できる耐震性が求められる。
旧基準で建設された橋で耐震補強が進むが、全国ではまだ2割近くが必要な耐震性を満たしていない。
一度は耐震補強を検討したものの、技術的な困難さなどから計画が白紙に戻った例もある。

巨大地震の発生を念頭に、現行の道路橋の耐震基準では最大級の「レベル2地震動」を考慮した設計を求めている。一方で、防災上の重要性に応じて、橋をA種とB種に分類。緊急輸送道路など重要な路線にあるB種の橋には、特に高い耐震性を要求している（資料1）。

道路橋示方書（2012年版）では、最大級の地震動でも致命的な損傷とならない耐震性を「耐震性能3」と規定。B種の橋ではほぼ全て、落橋防止構造の設置などで耐震性能3を満たしている。現在、より軽微な損傷にとどまり、速やかに機能回復できる「耐震性能2」を満たすための補強

が進められている。

全国の緊急輸送道路にある長さ15m以上の橋のうち、耐震性能2を満たしているのは81％にとどまる（資料2）。旧基準で造られた橋で耐震性能2を確保するためには、橋脚全体や支承部の補強など大掛かりな工事が必要となる。特に、一般的な構造と異なる「特殊橋」では、高度な技術が求められるケースが多い。

エクストラドーズド橋で補強計画

耐震補強を検討したものの、実施のめどが立っていないのが、1998年に建設された秋田県道325号の翔鷹大橋だ（資料3）。緊急輸送道路上にあり、一部が長さ380mのエクストラドーズド橋となっている。

この橋には、高規格幹線道路である日本海沿岸東北自動車道（日沿道）の新設区間に組み込んで、国に移管する構想があった（資料4）。耐震性能2を満たさないので、日沿道としての活用を視野に、県は2017年度に耐震補強設計を復建技術コンサルタント（仙台市）に発注した。

設計は終わったものの、県の技術

資料1 ▮ 最大級の地震動でも軽微な損傷に

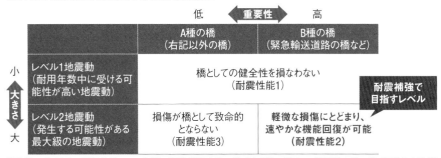

道路橋に求められる耐震性能。2012年版の道路橋示方書に基づく。B種の橋は、一般国道の橋の他、県道や市町道のうち防災計画上で特に重要な橋など。緊急輸送道路もB種に当たる
（出所：下も国土交通省の資料を基に日経クロステックが作成）

資料2 ▮ 市町村管理の橋で耐震補強に遅れ

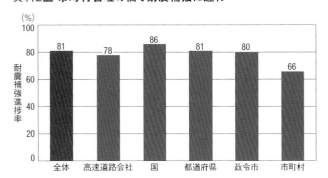

道路橋の耐震補強に関する管理者別進捗率（2022年3月末時点）。対象は緊急輸送道路上の長さ15m以上の橋。レベル2地震動でも軽微な損傷にとどまり、速やかな機能回復が可能な橋の割合を示す

力では対応が難しいと判断。国土交通省に詳細な検討を依頼した結果、数々の課題が明らかになった（資料5）。例えば、耐震性向上のために左右独立している主塔を連結させると構造モデルが変わる。補強後の破壊形態を確認するには、3次元FEM解析が必要となる。

ただ、日沿道としての活用で大きな障害となったのは、技術的な困難さよりも車道の幅員だった。翔鷹大橋では車道の両側に主塔が立っているので、幅員を増やせない。中央分離帯のない現状の幅員では、サービス速度を時速70kmに抑える必要が生じ、前後区間の時速80kmと差が出てしまう。

結局、国は翔鷹大橋の活用を断念し、日沿道の橋を新たに建設すると決定。翔鷹大橋は県道として利用し続けることになった。

それでも、B種の橋である翔鷹大橋では、耐震性能2を満たすための耐震補強工事が必要だ。ところが、「求められる性能を整理したうえで、対応方針を決めたい」（秋田県道路課）として、耐震補強自体が白紙に戻ってしまった。

県管理の緊急輸送道路には長さ15m以上の橋が505橋あり、22年3月末で426橋が耐震性能2を満たしている。県は耐震補強だけに着目した計画は作成しておらず、老朽橋の補修計画と併せて対策を実施している。翔鷹大橋を含め、残り79橋の対策が終わる見通しは立っていない。

資料3■ 秋田県が管理する翔鷹大橋のエクストラドーズド橋部。車道の両脇に主塔が立つため、幅員を広げられない（写真：日経クロステック）

資料4■ **翔鷹大橋含む県道の活用を断念**

N 0 1km

日本海沿岸東北自動車道（建設中）
小繋IC
JR奥羽本線
国道7号
今泉IC
前山
米代川
別線の計画ルート
伊勢堂岱IC
翔鷹大橋
蟹沢IC
県道3号
県道325号
日本海沿岸東北自動車道

（出所：下も国土交通省の資料を基に日経クロステックが作成）

資料5■ **様々な技術的課題が判明**

部材	補強工法の概要	技術的な課題など
主桁	外ケーブルや炭素繊維による補強	・主塔や基礎の補強量によって応力状況が変わる ・曲げ耐力補強は、外ケーブルによる補強が必要 ・主塔定着部や斜材定着部があるため外ケーブル設置位置が課題
主塔	ストラット設置による補強	・主塔補強は、左右の主塔をつなぐストラット構造（横梁構造） ・補強により構造モデルが変わる（左右主塔独立→左右主塔連結） ・補強後の破壊形態を確認するため、3次元FEM解析が必要
支承	鋼製ブラケットと制振ダンパー設置による補強	・長大橋で上部工死荷重が大きく、補強部材が大きくなる ・取り付け可能位置が限定されており、スペース確保が課題
基礎	鋼管矢板基礎による補強	・基礎不可視部の綿密な調査が必要 ・解析する構造モデルが変更となる（ケーソン基礎→鋼管矢板基礎）

翔鷹大橋を耐震補強する場合の設計上の技術的課題

橋桁などを軽くして耐震性向上

2022年3月の福島県沖地震で、阿武隈川に架かる旧耐震基準で建設された3つの道路橋が被災した。
そのうち福島県管理の2橋では、再度災害防止の観点から現行の基準を満たすよう上部工を架け替える。
既存の下部工を活用する工事なので、橋桁を軽くするなどの工夫が不可欠だ。

再度災害を防止するには、原形復旧では不十分——。こんな教訓を改めて痛感させたのが、2022年3月16日の福島県沖地震で発生した昭和大橋（福島県桑折町）の支承損傷だ。

昭和大橋は、1993年に建設された長さ291mの鋼橋。3径間連続トラスと2径間連続トラスで構成する。この地域では、2022年3月に震度6弱の揺れを観測。橋脚4基のうち南端のP4を除く3基の橋脚上で、支承が計8個壊れた（資料1、2）。

福島県沖では、ほぼ同じ場所を震源とする地震が21年2月13日にも起こっている。昭和大橋ではその際、2つの連続トラスの接続部に当たるP3橋脚上で、鋼製のピンローラー支承4個が破損した。

壊れたのがP3橋脚上だけだったこともあり、橋を管理する町は同タイプの支承で復旧することに決定。ただ、同タイプの支承は既に生産が終了していたので、メーカーに製造を特注した。

交換が終わるまで約1年の通行止めを経て、22年3月19日に開通を予定していた。ところが、その3日前に再び被災。付け替えたばかりの鋼製支承は、橋の供用前に壊れてしまった。

前年の地震よりも被害が大きく、町の職員では対応が難しかったので、今回は県が復旧を代行した。再び被災しないよう、壊れた8個を耐震性の高いゴム支承に交換。最初の被災から約2年後の23年3月31日に通行を再開した（資料3）。

県は23年度内に、壊れなかった残りの鋼製支承も全てゴム支承に交換する。交通規制せずに工事を進める考えだ。

支承壊れ上部工が約30cm移動

22年3月の地震では、昭和大橋を含め3カ所の道路橋が大きく被災した。他の2つは、福島県が管理する国道399号の伊達橋（伊達市）と県道31号の伊達崎橋（桑折町）だ。いずれも、国による権限代行で下部工を補強し、上部工を架け替える。

特に被害が大きかった伊達橋では、被災後すぐに、国が災害復旧を代行すると決まった。

同橋は、1967年に完成した長さ288mの鋼4径間連続トラス橋だ。2022年3月の地震で、P2橋脚上の固定支承が壊れて上部工が大きく移動。他の可動支承も可動域を超えたため、全て損傷した。

資料1 ■ 阿武隈川に架かる3橋が被災

2022年3月の福島県沖地震で被災した3橋の位置図。伊達崎橋と伊達橋は福島県、昭和大橋は福島県桑折町が管理する。昭和大橋は復旧が終わり、23年3月31日に開通した
（出所：日経クロステック）

資料2■ 2022年3月の地震直後に撮影した昭和大橋のP1橋脚上の鋼製支承（写真：村上 昭浩）

資料3■ 左岸側から見た昭和大橋。2022年3月の地震で壊れた鋼製支承をゴム支承に交換した。P3橋脚上の支承は21年2月の地震の際にも壊れていた（写真：日経クロステック）

上部工の移動量は、左岸方向に295mm。さらに、右岸側のA1橋台上で下流方向に最大234mmずれるとともに、左岸側では上流方向へ動いた（**資料4**）。上部工の上弦材と下弦材で変位量が異なっており、ねじれやゆがみが生じている。

その他、P2橋脚上の鋼材では、厚さ25mmの下フランジを貫通する亀裂が発生。左岸側のA2橋台付近では、上部工の移動に伴ってコンクリート床版がパラペットに衝突し、浮き上がりが生じていた。両側の橋台付近に設けている伸縮装置はいずれも破損した。

伊達橋の下部工では、10年度に鋼板や鉄筋コンクリートによる巻き立て補強を実施していた。しかし、上部工では特に耐震補強は実施していない。11年の東日本大震災や21年の地震で支承が一部損傷したが、いずれも同タイプの鋼製支承に交換しただけだった。

伊達橋は1956年の耐震基準で設計されており、現行基準ではレベル1地震動に対応する耐震性しか満たしていない。レベル1を超える22年

3月の地震動には耐えられなかった。

同橋は緊急輸送道路に当たるので、今後の復旧工事ではレベル2地震動に対し、速やかな機能回復が可能な「耐震性能2」（12年版道路橋示方書）を確保する。復旧工事を担当する国土交通省東北地方整備局福島河川国道事務所は、詳細設計をエイト日本技術開発に発注した。

設計は23年3月に完了したものの、同事務所は「まだ関係機関との協議が終わっていない」（伊藤英和副所長）として、具体的な内容を明らかにしていない。ただ、既存の下部工を利用しながら耐震性を高める必

要があるので、上部工を軽くするなどの工夫を盛り込んでいるという。

上部工の架け替えには時間がかかるので、隣接して仮橋の建設を進めている（**資料5**）。仮橋の長さは299mで、そのうち84mは国交省の北海道開発局と関東地方整備局が保有する応急組み立て橋を利用する。同事務所では、23年10月末までに仮橋を開通させたいとしている。

被災した伊達橋では、23年3月までに床版の撤去が終わった。23年度中にトラス構造の撤去を済ませる予定だ。

一方、伊達橋よりも被害が小さ

かった伊達崎橋では、まず被災状況などを調べるため、県に代わって国が直轄診断を実施。その結果を受け、県が国に工事の代行を要請した。

地震被害は小さいが深刻な老朽化

災害復旧工事を代行する伊達橋に対し、伊達崎橋では修繕工事を代行する点が異なる。直轄診断の結果、地震による被害よりも、老朽化の問題の方が大きいと判明したからだ。

伊達崎橋は、1961年に建設された長さ303mの7径間単純プレストレストコンクリート（PC）ポストテンションT桁橋。建設後、支承の交換や縁端拡幅、落橋防止構造の設置などを実施する一方で、橋脚の巻き立てなど大規模な耐震補強はしていない。同橋は緊急輸送道路上にあるが、耐震性能2を満たしていなかった。

しかし、2022年3月の地震では、伸縮装置が破損したものの、それ以外に地震が原因とみられる目立った損傷はなかった。そのため、短時間で応急復旧が終わり、被災から17日後に開通させることができた。ただし、大型車両の通行は規制し、震度4以上の地震が発生した場合には点検のため通行止めにする措置を取っている（**資料6**）。

福島県道路管理課の岩本剛副課長は、「連続桁の伊達橋に対し、伊達崎橋は単純桁で、それぞれ構造的に分かれている。地震による移動量が小さかったので、被害を抑えられたのではないか」とみる。

ただし、建設から60年以上たっているため、深刻な老朽化が直轄診断で明らかになった（**資料7**）。橋脚基

資料4■ 伊達橋の上部工で最大295mmの変位

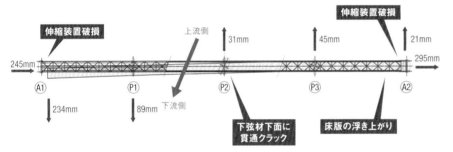

2022年3月の地震で被災した伊達橋の損傷状況（出所：国土交通省の資料を基に日経クロステックが作成）

資料5■ 伊達橋（写真左）では、地震で壊れた上部工を架け替える。現在、隣接して仮橋の建設を進めている（写真：日経クロステック）

部でコンクリートの剥離に加え、主鉄筋のはらみ出しや破断が判明。ケーソン基礎部の洗掘も進んでいるため、水平荷重に対する抵抗力が低下している恐れがあると指摘された。上部工でも、構造の安全性に影響を与えるほどではないものの、コンクリートの剥落や床版での漏水などが確認された。

県が17年2月に実施した定期点検で、橋全体の健全度は予防保全段階とされる「II」。当時は、早急な措置は必要ないと判定されていた。しかし、大型車の通行を規制している現在は、「結果として『III』の状態になっている」（福島県道路管理課の佐藤光彦課長）。

対策の組み合わせを総合的に判断

国は直轄診断で、総合的な対策の必要性を指摘した。「様々な損傷があるので、それを個々に補修すると合理的でなくなる可能性がある。例えば現在、重いコンクリート桁なので、それを軽くすることも検討の余地がある。様々な対策の組み合わせを総合的に考えた方がいいと県に助言した」。東北地整の石津健二・道路保全企画官はこう説明する。

こうした技術的な難しさを受け、県は国に修繕代行を要請した。県によると、事業のスピードを重視した点も、代行を要請した理由の1つだ。「県が事業を進めるとなると、県内は広いのでなかなか1カ所に集中投資できず、時間がかかってしまう」と

資料6■ 国土交通省が修繕を代行する伊達崎橋では、上部工を架け替える見込みだ。現在、大型車の通行を規制するとともに、震度4以上の地震時には通行止めにする措置を取っている
（写真：日経クロステック）

資料7▦ 地震後の直轄診断で深刻な老朽化が判明

橋脚基部の破損

ケーソン基部の洗掘

上部工破損

床版の漏水・遊離石灰

伊達崎橋の直轄診断で判明した損傷の例。2022年3月の地震の後、橋を管理する福島県の要請で、国土交通省東北地方整備局が診断を実施した（写真：国土交通省）

福島県の佐藤課長は明かす。

伊達崎橋に関しては被災前、別の場所で架け替える案も検討されていた。しかし、災害復旧や修繕と異なり、橋全体を架け替える場合は国に代行を依頼できず、県自身で事業を進める必要がある。

伊達崎橋では現在、歩車道が分離されていないため、歩行者は狭い路肩を通る必要がある。安全上の問題があるので、地元から歩道を設けてほしいとの要望が強く出ている。

修繕代行では下部工を補修・補強するとともに、上部工を架け替える予定だ。その際、歩道を確保するため上部工の拡幅を検討する。拡幅と耐震性向上の両立に向け、高度な技術が求められそうだ。

新法施行でも既設のリスクは拭えず

盛り土規制法による技術基準の見直しで、新設する盛り土の排水性は向上するはずだ。
しかし、地下水がたまっている可能性のある既存盛り土への効果的な対策は示されていない。
過剰間隙水圧に伴う滑り面の液状化で崩れる恐れのある盛り土は全国に存在する。

危険な盛り土の解消に向け、2023年5月26日に「宅地造成及び特定盛土等規制法」（盛り土規制法）が施行される。21年7月の静岡県熱海市で起こった土石流災害をきっかけに生まれた新法だ（資料1）。そのため、豪雨時に崩れやすい盛り土などを規制し、安全性を確保するものと捉えがちだ。しかし、地震時の安全性向上にも寄与する。

資料1■ 2021年7月3日に静岡県熱海市で発生した土石流。この土砂災害をきっかけに危険な盛り土の規制が本格的に動き出した（写真：静岡県）

地下水を含む
盛り土が問題

資料2■ 地盤リスク研究所の太田英将相談役（写真：日経クロステック）

実はこれまで大きな地震が起こるたびに、宅地の盛り土が崩れてきた。地盤問題に詳しい地盤リスク研究所（兵庫県西宮市）の太田英将相談役は「完全に排水できていない盛り土は、地震による過剰間隙水圧の発生で、滑り面が液状化して崩れるリスクが高い」と警鐘を鳴らす（資料2）。

過去に地震で変動した盛り土造成地のなかに、象徴的な事例がある。1978年の宮城県沖地震で被災した宮城県白石市緑が丘1丁目の傾斜地だ。当時、造成中だった盛り土全体が大きく崩れた。

その後、公園に用途変更され、地滑り対策として集水井2基などを法尻に施工した。

しかし、2011年の東日本大震災で再び崩れた。前回と異なるのは、斜面の上部と下部で変動の有無が分かれた点だ。集水井につながる集水ボーリング管が届く斜面の下部だけが変動しなかった（資料3、4）。

「集水ボーリング管には、管が到達していない範囲の地下水も排出する効果があるが、それでも斜面上部は変動した。地下水が少しでも残って

資料3■ 2011年の東日本大震災で崩れた宮城県白石市の斜面（写真：太田 英将）

いると、過剰間隙水圧が発生するからだ。斜面下部にも水がたまっていたものの、管がより近い位置にあったので水圧を低減できたのだろう」（太田相談役）

供用前に排水効果が低下

そもそも盛り土内に水が全くたまっていなければ、地震時の過剰間隙水圧は発生しないため、盛り土底部が滑り面となって液状化することはない。しかし、「大規模な盛り土造成地ほど、地下水を大量に含んでいるケースが多い」（太田相談役）のが現状だ。

盛り土の施工中に降った雨などを排水するために多用される「中央縦排水方式」が原因とみられる。この方式では、盛り土の中央に設置したたて坑を底面の暗きょ管につなげて排水する。崩れやすい法面に雨水を

資料4■ 集水ボーリング管が届く範囲は崩れず

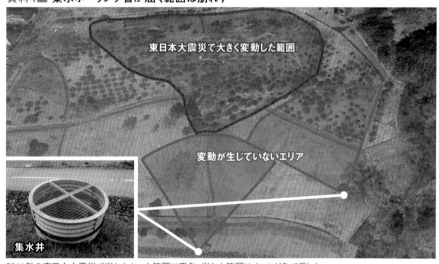

2011年の東日本大震災で崩れなかった範囲は青色、崩れた範囲はオレンジ色で示した
（出所：太田英将相談役の資料や取材に基づき、GoogleEarthの11年3月28日の写真に日経クロステックが加筆、左下の写真：太田 英将）

流さない利点があるので、「宅地防災マニュアルの解説」（ぎょうせい）でも推奨されてきた。

ただし、工事中にたて坑から流れてきた泥水によって暗きょ管が供用前に詰まる恐れがある（資料5）。太田相談役は「ある竣工直後の盛り土

の暗きょ管内部を調べたところ、既に管の断面の7割程度が土砂で埋まっていた」と明かす。

そこで新法では、従来の宅地造成等規制法（宅造法）で定めていた盛り土の技術基準を見直す。水平排水層や暗きょ管の設置を規定してお

資料5■ 施工段階で泥水が排水管に詰まる

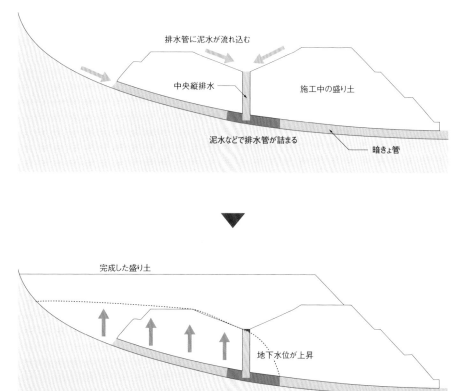

暗きょ管の排水不良に伴って地下水位が上昇するメカニズム
（出所：太田英将相談役の資料や取材を基に日経クロステックが作成）

り、排水効果の向上が見込める。

　盛り土の設計や施工で留意すべき点を整理した「宅地防災マニュアル」を改定し、「盛土等防災マニュアル」を作成する。公表されたマニュアル案によると、中央縦排水方式については、仮設排水（たて坑）と暗きょ管を別々に設けるよう明示する（資料6）。また、竣工後に排水施設を目視できないので、工事中の中間検査で設置状況を確認するよう発注者に求める。

新設盛り土は地下水がたまりにくい

　盛り土規制法の施行に向けて国土交通省が設置した盛土等防災対策検討会の委員を務める京都大学の釜井俊孝名誉教授は「新しいマニュアルを基に造成した盛り土は地下水がたまりにくく、地震で変動するリスク

資料6■ 排水施設を整備して地下水を排除

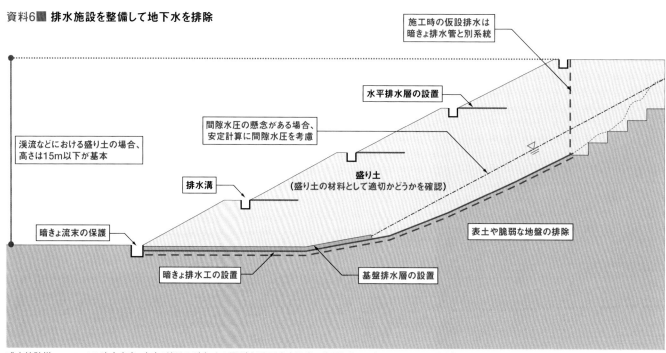

盛土等防災マニュアルの改定内容。赤字が新たに追加する項目（出所：国土交通省の資料を基に日経クロステックが作成）

が低い」と説明する。

　一方、「既存の盛り土に関しては課題が残る」（釜井名誉教授）という。盛り土規制法の施行に伴って、国交省は既存盛り土の抽出や安全性把握などの手順と考え方を示す「盛土等の安全対策推進ガイドライン」を作成する。

　ガイドライン案によると、安定解析の手法は大規模盛り土の変動予測調査で使うものとほぼ変わらない。国交省は、滑り面の液状化を考慮した手法は手間やコストがかかるだけでなく、解析を担う自治体が混乱する可能性があるとの見方を示す。

　しかし、危険な大規模盛り土の抽出についてはこれまで日経コンストラクションで何度も指摘しているように、現在の解析手法では漏れがあるといわれる。危険と判断されたのは、20年度末時点で全体の1％にも満たない（**資料7**）。

　「1995年の阪神大震災では、阪神地域にある谷埋め盛り土299カ所の約4割が被災した。他の大地震でも同程度の割合で盛り土が崩れている。行政のスクリーニング結果と比べると、あまりにも差が大きい」。太田相談役はこう話す。

盛り土の管理責任が土地所有者に

　抽出から漏れた盛り土は老朽化が進み、排水システムが機能していない恐れがある。こういった箇所は地下水位が上昇しやすく、大地震で崩れるリスクが高い。

資料7 ■　東京都内のある住宅地の様子。一見なんの変哲もないが、釜井俊孝名誉教授によると、白く囲んだ範囲は谷埋め盛り土だ。しかし造成時期が古く、大規模盛り土造成地として抽出されていない（写真：日経クロステック）

盛り土は
新設と既設で
耐震性が異なる

資料8 ■　京都大学の釜井俊孝名誉教授（写真：日経クロステック）

　それでも、釜井名誉教授は「盛り土規制法で、盛り土の管理責任が土地所有者にあると示した点は評価できる」と話す（**資料8**）。都道府県知事などは、管理不全で安全性に問題があると判断したら、土地所有者に改善命令を出せる。

　全国にある危険な既存盛り土を全て改修するのは難しい。だからこそ、暗きょ管の内部をカメラで点検したり、盛り土内の地下水位をモニタリングしたりするメンテナンスが重要となる。従来は曖昧だった維持管理の実施主体が土地所有者だと明確になることで、危険な盛り土への取り組み姿勢が変わるかもしれない。

国交省移管で災害対応強化に期待

水道施設のうち配水池は約6割、基幹管路や浄水施設は約4割しか必要な耐震性を満たしていない。
特に管路は更新時に対応するケースが多いので、なかなか耐震化が進まないのが実情だ。
一方で、水道行政の国土交通省への移管に伴い、施設整備の効率化や災害対応の強化などが期待される。

　政府の試算によると、南海トラフ巨大地震が発生すれば最大で3570万人が断水の影響を受ける。水道施設の耐震化は重要な課題だが、財政難もあってなかなか進んでいない。

　特に進みが遅いのが管路だ。厚生労働省の調査によると、全国の基幹管路のうち、耐震適合性のある管路の割合（耐震適合率）は2021年度末で41.2％にすぎない（資料1、2）。

　一方、22年6月に定めた国土強靱化年次計画では、28年度までに60％へ引き上げる目標を掲げている。14年度末で36％だったので、7年間で5.2ポイントしか上昇していない。21年度末からの7年間で目標値まで20ポイント近く引き上げるのは、かなり厳しいと言わざるを得ない。

　管路の耐震化では、ダクタイル鋳鉄管など強度の高い材質に管を更新するとともに、地震を受けても外れない耐震タイプに継ぎ手を変更する。ただ、厚労省では全てを耐震化する必要はないとみている。埋設されている地盤によっては、耐震性の低い管や継ぎ手でも、地震で被害を受けないと考えられる例があるからだ。そうした管路を、耐震適合性が

あると見なす。

　耐震適合率は地域によって大きく異なる。神奈川県の73.1％が最も高く、高知県の23.2％が最低だった。

対策施したはずの空気弁で不具合

　東京都は全国で2番目に高い66％と、管路の耐震化が進んでいる。ところが、首都圏で最大震度5強を観測した21年10月7日の地震で、思わぬ不具合が発生。都内22カ所で漏水が起こった（資料3）。

　問題は、管路内の空気を出し入れする空気弁だった。空気弁は、内部にある球形のフロートが上下して開閉する仕組みだ。地震によってフロートが正常に動かなくなり、水があふれ出した。

　実は東日本大震災で多くの空気弁が破損したため、都は対策を講じていた。壊れたのはフロートを2個持つタイプだったので、都は壊れにくいフロート1個のタイプへ交換。19年までにほぼ終えていた。

　それでも21年10月の地震で漏水を防げなかった。都水道局配水課の佐々木秀馬課長代理は、「管内の急

資料1 浄水場や管路で耐震化を推進

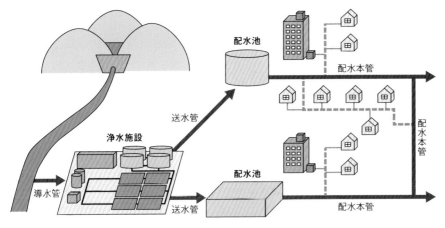

基幹管路（導水管、送水管、配水本管）　---- 配水支管

水道施設の概要（出所：右ページも厚生労働省の資料を基に日経クロステックが作成）

激な水圧変動で、空気弁の止水機能が正常に働かなかったようだ」と話す。ただし、不具合発生の具体的なメカニズムは不明だ。

不具合が生じたのは、ある特定の構造の空気弁だった。しかし、日本水道協会の基準を満たしており、都は製品に問題があったとは捉えていない。それでも念のため、不具合があった製品と同じ構造の空気弁で、部品を別タイプのものに取り換える。24年度までに、対象となる約900カ所で部品を交換する予定だ。

水道施設の整備や維持管理を巡っては、厚労省が担ってきた水道行政の移管の動きにも注目したい。24年度から、水質や衛生に関する行政は環境省に、その他は国交省に移管される（資料4）。

移管に伴い、水道が公共土木施設災害復旧事業費国庫負担法（災害負担法）と社会資本整備重点計画法の対象施設に加わる。他のインフラと同じ制度に組み込まれることで、施設整備の効率化や災害対応の強化などが期待される。

東京にある本省が管轄していた厚労省と異なり、国交省では出先の地方整備局などが担当する。災害対応では、より現場に近い事務所できめ細かく自治体を支援できるはずだ。

災害負担法の対象となり、補助率が変わる点も見逃せない。従来、災害復旧の費用は国が通常、2分の1を補助していた。同法の対象になると、基本的に国が3分の2を補助する。

資料2■ 6割の基幹管路と浄水施設が耐震性不十分

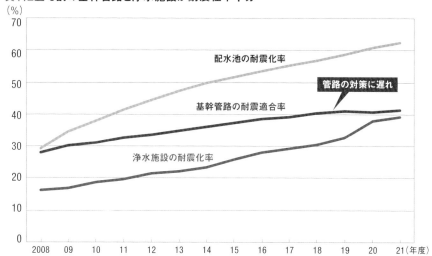

全国の水道施設の耐震化状況。いずれも年度末の数値を示す。基幹管路は延長、浄水施設は施設能力、配水池は有効容量をそれぞれベースとした割合。耐震適合率とは、敷設された地盤の性状を考慮すれば耐震性があると評価できる「耐震適合性のある管」を含めた割合

資料3■ 東京都内では2021年10月の地震で水道の空気弁に不具合が生じ、道路が冠水した。写真は復旧作業の様子（写真:共同通信社）

資料4■ 水道施設の整備・管理行政は国交省へ

	水道整備・管理行政（右記以外）	水質または衛生に関する水道行政
事務の具体例	・水道基盤の強化のための基本方針の策定 ・水道事業などの認可、改善指示、報告徴収、立ち入り検査	・水質基準の策定 ・水道事業者が実施する水質検査の方法の策定
所管	[現行]厚生労働大臣 [改正後]国土交通大臣 地方整備局長または北海道開発局長への委任が可能	[現行]厚生労働大臣 [改正後]環境大臣

水道行政の移管の概要

「対策着手は100年先」との声も

地震で被災した河川堤防の調査で得られた知見を基に、直轄河川で耐震化が進んできた。
一方、自治体が管理する河川は延長が膨大で、全ての堤防で耐震性能を確認するのは困難だ。
滋賀県は、いつ起こるか分からない地震への対策よりも、洪水対策を優先する。

河川堤防の耐震化は、大震災を経て進んできた。1995年の阪神大震災による淀川の堤防被災をきっかけに、国土交通省は「河川堤防耐震点検マニュアル」を策定。堤防を含む河川構造物の耐震点検と、その結果に基づく地盤改良などの対策が始まった。

97年には河川砂防技術基準に、基礎地盤の液状化を考慮した堤防の沈下量の算出といった耐震設計の基本的な考え方を盛り込んだ。

その後、2011年3月の東日本大震災で、広範囲にわたり河川堤防が被災。直轄河川の堤防だけでも、東北地方や関東地方で2000カ所以上が損傷した（**資料1**）。

特に多かったのは、地震動で基礎地盤の砂質土層などが液状化し、その上の堤体に沈下やはらみ出しが生じる被害だ。基礎地盤が粘性土の堤防では、堤体自体に液状化が発生して損傷するケースもあった。

こうした被害を受け、国交省は「河川構造物の耐震性能照査指針」を12年に改定し、堤体自体の液状化対策に乗り出した。新しく築堤する場合は、液状化しにくい材料を選定したり、十分な締め固めをしたりする。既設の堤防については、ドレーン工などを施して堤体内の水位を下げる方法を示した。

資料1■ 茨城県神栖市内の利根川の堤防。389mにわたって陥没した。2011年3月13日に撮影
（写真：日経コンストラクション）

膨大な数の堤防の耐震補強はコストがかかり困難

資料2■ 立命館大学理工学部環境都市工学科の里深好文教授
（写真：日経クロステック）

自治体管理の堤防の耐震化は困難

直轄河川では、過去の被災から得た知見を生かす河川堤防の耐震対策が進んでいる。国交省は直轄河川がレベル2地震動に耐えられるかどうかの照査をほぼ終え、順次、耐震化

を進めている。

　問題は、自治体が管理する既設の河川堤防だ。国交省によると、国が管理する河川の延長は全国で約1万600km。一方で、自治体が管理する河川は13万kmを超える。膨大な延長の堤防全ての耐震性能を確認するだけでも困難だ。

　河川工学を専門とする立命館大学理工学部環境都市工学科の里深好文教授は「直轄河川を除けば、耐震補強を積極的に実施している堤防はあまりないだろう」と明かす（資料2）。

　かさ上げや拡幅などを長期的に繰り返してできた堤防では、内部の土の状態がよく分からない例が多い。ボーリング調査の結果を基に想定して地質断面図を作成するしかなく、コストも手間もかかる。

　堤防の耐震化の難しさを踏まえつつも、里深教授は「せめて天井川では優先的に対策を進める必要がある」と話す。天井川は周辺の土地よりも河床が高いため、地震で堤防が壊れて氾濫すると被害が拡大しやすい。

耐震化より洪水対策を優先

　全国で最も天井川が多いのが滋賀県だ。全国の総数の約3分の1に当たる81河川ある。

　県は、14年に公表した地震の被害想定で、天井川の危険性を指摘している（資料3）。南海トラフ巨大地震が起こった場合、天井川の堤防に生じる亀裂や、液状化による沈下で治水安全度が大幅に低下する。

資料3　滋賀県は天井川のリスクを把握済み

	状況
地震直後	県全域において、地下水位の高い砂質地盤地域の天井川の堤防などで強い揺れによる損傷が発生。液状化などで沈下が発生し、治水安全度が大幅に低下
	停電により河川情報システムなどが機能喪失
	砂防堰堤や急傾斜地崩壊防止施設、農業用ため池が、揺れや液状化などで損傷
	地震と大雨などが同時に発生した場合、浸水区域や危険区域への避難情報伝達がほぼ不可能になり、大きな人命被害が発生
1〜3日後	県全域の被害で施設点検が困難。応急復旧にも着手不可能
	出水期などで大雨が予想される場合、危険区域からの広域的な避難が必要となり、避難所生活者がさらに増加
1週間後	上記継続
	県内の測量設計事務所、土木技術職員による被災箇所の調査点検を実施
	燃料不足で応急工事に着手できず
1カ月後	燃料供給が回復するものの、工事資材の調達が困難で、治水安全度の回復は見込めず

南海トラフ巨大地震が発生した場合の堤防やダムなど土木施設の被害想定。2014年3月に滋賀県が公表（出所:滋賀県）

資料4　滋賀県大津市の藤ノ木川。大雨洪水対策では、天井川を切り下げたり、堤防に止水矢板を設置したりする（写真:滋賀県）

　それでも県は、耐震化よりも洪水対策を優先して進めている（資料4）。滋賀県土木交通部流域政策局河川・港湾室の清水康史室長補佐は「いつ起こるか分からない地震よりも、頻繁に発生する大雨による洪水への対策が急を要する」と説明する。

　天井川の堤防が地震で崩れた際のリスクは把握しつつも、その対策まで手が回らないのが実情だ。「県内全域で洪水の対策を終えるのは100年以上かかるだろう。既存堤防の耐震化の検討はその後になりそうだ」（清水室長補佐）

避難タワーや復興住宅も浸水か

津波の想定見直しによって、これまで実施した対策では不十分になるケースが出ている。
岩手県久慈市が東日本大震災後に建設した津波避難タワーは、本来の用途で使えなくなった。
土地をかさ上げした宮城県石巻市の災害公営住宅地は、新たな想定で浸水エリアに入った。

2011年の東日本大震災の津波で甚大な被害を受けた岩手県久慈市は16年、湊地区の海岸近くに津波避難タワーを設置した（資料1）。

避難タワーは、国の東日本大震災復興交付金制度を活用し、総額約1億5000万円で建設した。鉄骨造の2階建てで高さ約8.9m、収容人数は30人ほどだ。

避難タワーの周辺は東日本大震災の津波で2〜4m浸水した。同規模の津波ならば、再び襲われても周辺住民の命を守れる。しかし現在、避難用途でのタワーの利用は洪水や高潮の被害が迫るときだけに限定している。

久慈市は21年4月、タワーを津波の指定緊急避難場所から除外した。

資料1■ 岩手県久慈市に整備した避難タワー
（写真：日経クロステック）

国が20年9月に公表した日本海溝・千島海溝沿いの巨大地震の想定津波高が市内で最大16mとされ、タワーの高さを大きく上回ったからだ。

「東日本大震災よりもはるかに高い津波が来る想定に、公表された当時はかなりの衝撃を受けた」。岩手県久慈市総務部防災危機管理課の田中淳茂課長はこう振り返る。

国の想定は最悪のケースなので、この規模の津波が発生する頻度は極めて低い。避難タワーよりも低い津波に対してならば、避難に使える。しかし、地震時に津波の高さを正確に推定するのは難しい。

「多くのお金をかけた施設だったが、万が一に備えて使用禁止にせざるを得なかった」（田中課長）

ハード対策の見通し立たず

避難タワーの周辺に、垂直避難に使える高い建物は存在しない。残る避難場所は高台にある金刀比羅神社（**資料2**）。しかし、160段ほどの急な階段を登る必要があるため、高齢者や車椅子利用者は避難が困難だ。

避難タワーを改修して高さを増したり、想定を上回る高さで新しく建設したりするといった議論はほとんど進んでいない。最大の障壁はコストだ。

復興交付金制度は20年度に廃止された。一方で、国は日本海溝・千島海溝沿いの巨大地震による津波で深刻な被害が想定される108市町村を「津波避難対策特別強化地域」に

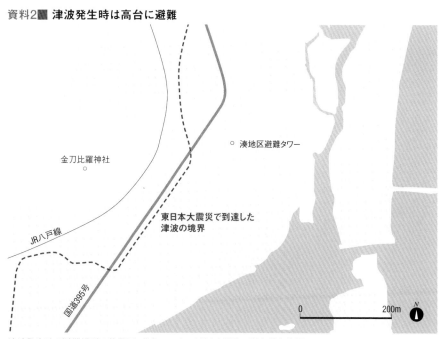

資料2■ 津波発生時は高台に避難

津波発生時の避難場所の位置図。黄色のエリアは新たな津波の浸水想定範囲
（出所:岩手県久慈市の資料や取材を基に日経クロステックが作成）

資料3■ 108市町村を津波の特別強化地域に指定

特別強化地域の指定基準
○津波により30cm以上の浸水が地震発生から40分以内に生じる地域
○特別強化地域の候補市町村に挟まれた沿岸市町村
○同一道県内の津波避難対策の一体性の確保

防災施設の整備に関する国の補助率を2分の1から3分の2に引き上げ

日本海溝・千島海溝沿いの巨大地震で津波による甚大な被害が予想される地域のうち、「津波避難対策特別強化地域」に指定された市町村を黄色で示した
（出所:中央防災会議の資料を基に日経クロステックが作成）

指定。避難タワーなどの整備費の補助率を従来の2分の1から3分の2に引き上げた（**資料3**）。

しかし、久慈市の田中課長は「同じ規模の避難タワーを新設する場合、補助分を差し引いても数千万円は市が負担しなければならない。少子高齢化が進む小規模の自治体では厳しい」と嘆く。

久慈市はソフト対策で、ハード対策の不足を補う考えだ。新しい津波浸水想定に基づき、津波ハザード

資料4■ 新たな浸水想定で浸水域に含まれた宮城県石巻市の災害公営住宅（写真:日経クロステック）

マップを更新したり、避難訓練を実施したりする。

かさ上げしても浸水する地区

新しくなった津波の浸水想定への対応に追われる自治体は少なくない。宮城県石巻市では、東日本大震災後に住宅を集団で移転した新蛇田地区が浸水する想定となった。同地区は、1000を超える世帯が入居する市内で最大規模の集団移転先だ（**資料4**）。

11年12月に施行された津波防災地域づくり法によって、最大級の津波が発生した場合の浸水区域などの設定が都道府県に義務付けられた。

宮城県は、浸水想定に影響が出るような防潮堤の整備などの復興工事がほぼ完了するまで待ち、20年ごろから新しい想定の作成に着手した。巨大地震の津波モデルとして、東日本大震災と同じ東北地方太平洋沖地震モデルの他、千島海溝モデルと日本海溝モデルで検討してきた。

宮城県が同法に基づいて津波浸水想定を公表したのは、施行から10年以上たった22年5月。津波の高さや浸水の範囲は、津波の越流で防潮堤が壊れたり、満潮の時間帯に地震が発生したりするなど悪い条件が重なった場合を想定した。

新蛇田地区に移住した住民からは「土地をかさ上げした新蛇田地区でも、津波注意報が出たら避難しなければならないのか」といった戸惑いの声が上がった。

石巻市によると、再移転やさらなる土地のかさ上げといったハード面の対策は現時点で予定していない。石巻市は沿岸自治体のなかで最も想定浸水面積が大きく、土地のかさ上げで対応するのは難しい。新蛇田地区だけでなく、震災後に区画整理して新たな盛り土をした全ての新市街地で浸水する恐れがあるという（資

資料5 ▶ 全ての新市街地が浸水する恐れあり

[想定津波浸水高]
- 20m〜
- 10m〜20m
- 5m〜10m
- 3m〜5m
- 0.5m〜3m
- 0.5m〜1m
- 〜0.5m
- 〜0.3m

あけぼの北地区　　新市街地
新蛇田地区
新蛇田南地区
新蛇田南第二地区
JR石巻駅
三陸自動車道
旧北上川
新渡波地区
新渡波西地区

（出所：国土地理院の資料や取材を基に日経クロステックが作成）

資料6 ▶ 想定浸水面積が東日本大震災の1.2倍

	浸水面積（km²）		増減
	宮城県の新たな想定	東日本大震災時の実績	
石巻市	84.9	73.0	11.9
仙台市	53.8	52.0	1.8
東松島市	49.2	37.0	12.2
亘理町	42.0	35.0	7.0
名取市	30.5	27.0	3.5
岩沼市	28.8	29.0	▲0.2
山元町	26.8	24.0	2.8
気仙沼市	25.6	18.0	7.6
南三陸町	13.8	10.0	3.8
多賀城市	11.2	6.0	5.2
女川町	6.2	3.0	3.2
松島町	6.0	2.0	4.0
塩釜市	5.8	6.0	▲0.2
七ケ浜市	5.8	5.0	0.8
利府町	0.6	0.5	0.1

宮城県の市町村ごとの津波による想定浸水面積
（出所：宮城県の資料を基に日経クロステックが作成）

料5）。

　石巻市総務部危機対策課の担当者は「想定浸水面積が大きくなることは予告されていたものの、予想した以上だった」とコメントする。自治体は新しい想定が出るまで復興を待つわけにはいかず、東日本大震災の浸水実績に基づいて対策を進めるしかなかった。

「最悪を常に想定すべきだ」

　新たな想定では、石巻市を含む宮城県の沿岸15市町の浸水面積は計391km²に及ぶ（資料6）。東日本大震災時の浸水面積よりも2割近く増え

る想定だ。

　宮城県の村井嘉浩知事は、津波浸水想定を公表する前日に開いた会見で、「防潮堤の改修や土地のかさ上げなどがほぼ終了した段階で新たな想定を出せば混乱が生じるかもしれない。しかし、どのような状況であっても、最悪のことを常に想定しなけ

ればならないのが東日本大震災の教訓だ」と述べた。

　太平洋側の都市に甚大な被害を及ぼす南海トラフ巨大地震の被害想定の見直しも進む。内閣府は24年春をめどに取りまとめる方針だ。この見直しで、多くの自治体がさらなる対応に追われるだろう。

第7章

写真で見る震災10年 ————— 156

復興・街づくり編 ————— 162

復興はまだ終わらない ————— 172

死角突く建物被害との戦い — 188

東日本大震災10年にみる課題

検証・東日本

浮かび上がる課題、次なる巨大災害にどう備える

2011年3月11日午後2時46分に発生し、巨大な津波を引き起こした東日本大震災。
2万2000人超の死者・行方不明者を出した巨大地震は、建築・都市の常識を根底から覆した。
あの日から丸10年──。建築の技術・制度はどのように進化を遂げたのか。
次なる巨大災害に備え、東北の被災地で繰り広げられた復興事業から何を学ぶべきか。改めて検証する。

（佐々木 大輔、桑原 豊、木村 駿、森山 敦子、坂本 曜平、奥山 晃平）

写真で見る震災10年
カメラが追った震災復興
津波被災地は様変わり ································· P.156

復興・街づくり編
急ピッチで進んだ市街地再建
土地や建物を持て余す自治体も ············· P.162

検証・高台移転
1戸に1億円超も投じた団地の苦境
「差し込み型」防災集団移転に学べ ········· P.164

検証・津波防災街づくり
困難極めた防潮堤と街づくりの両立
気仙沼・大谷海岸が砂浜を残せたワケ ····· P.168

大震災10年

津波で転倒した宮城県女川町の旧女川交番。震災遺構として保存されている。奥に見えるのはシーパルピア女川
（写真：村上昭浩）

写真で見る震災10年

カメラが追った震災復興
津波被災地は様変わり

東日本大震災から丸10年を迎え、東北の被災地はよみがえったのか。
37兆円超の関連予算を投じて進めた未曽有の復興事業は、どのような光景を生み出したのか。
津波で大きな被害を受けた岩手・宮城県内の主な自治体の今を、カメラが切り取った。

津波で消失した市街地 かさ上げと高台移転で再建

奇跡の一本松と今泉地区の高台（岩手県陸前高田市）

高田松原津波復興祈念公園から「奇跡の一本松」越しに今泉地区の高台に整備した宅地を望む。高台の右端が気仙小学校。今泉地区で掘削した約500万m³の土は、気仙川に架けたベルトコンベヤーで高田地区に運び、かさ上げに利用した。写真左手の震災遺構は「陸前高田ユースホステル」

2011年

陸前高田市に押し寄せた津波の痕跡高は18.3mに達した（写真：池谷和浩）

2014年

今泉地区の土砂を高田地区に運ぶための巨大ベルトコンベヤー

閖上地区の新市街地（宮城県名取市）

震災で壊滅的な被害を受けた閖上（ゆりあげ）地区では、かさ上げして新たな市街地を整備。防災集団移転が行われた。写真は名取川沿いにある閖上1丁目の宅地。中央奥側の施設は2019年4月に開業した商業施設「かわまちてらす閖上」

新たな宅地、かつての宅地

●市街地復興の主なパターン

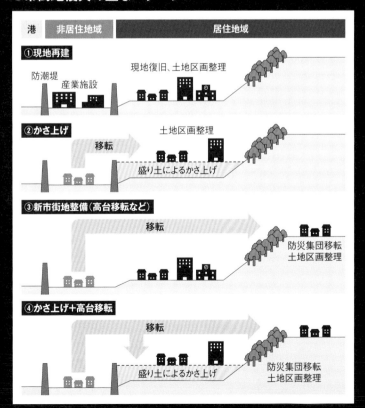

港	非居住地域	居住地域

①現地再建

防潮堤　産業施設　　現地復旧、土地区画整理

②かさ上げ

移転　　　　　　土地区画整理

盛り土によるかさ上げ

③新市街地整備（高台移転など）

移転　　　　　防災集団移転　土地区画整理

④かさ上げ＋高台移転

移転

盛り土によるかさ上げ　　防災集団移転　土地区画整理

多くの被災自治体が、土地区画整理事業や防災集団移転促進事業を組み合わせて市街地を再建した（資料：国土交通省の資料を基に日経アーキテクチュアが作成）

災害危険区域の活用（仙台市）

災害危険区域の活用に頭を悩ませる自治体は多い。仙台市は若林区荒浜地区に広がる防災集団移転の跡地約18ヘクタールの活用に向けて、事業者を2021年3月8日から「再募集」している。コロナ禍の影響で、20年11月に事業者が撤退したためだ

復活した男山本店（宮城県気仙沼市）

蔵元「男山本店」の魚町店舗は1931年に竣工した国登録有形文化財の建物。2020年に再建した（写真：下も日経コンストラクション）

洗い出し仕上げの外壁が特徴だった店舗は、津波で3階部分を残して倒壊した

シーパルピア女川（宮城県女川町）

6棟の平屋が立ち並ぶ駅前の商業施設。2015年12月に開業した。設計は東環境・建築研究所。駅前の整備では土地区画整理事業と津波復興拠点整備事業を活用

旧北上川かわまちづくり（宮城県石巻市）

旧北上川の河口では、河川堤防の整備と街づくりを一体的に進めている。写真左手中央の川沿いに立つ災害公営住宅の2階からは堤防の天端にじかに出られる。公営住宅の右側の中央2丁目地区では、土地区画整理事業で交通広場や商業施設を整備した。写真右手の中州に立つのは石ノ森萬画館

防災と街づくりの両立に挑戦

整備が進む旧大川小学校
(宮城県石巻市)

児童・教職員84人が犠牲になった旧大川小学校の校舎。石巻市が震災遺構として整備を進めた

記憶の継承、遺構と祈念公園

横転した旧女川交番(宮城県女川町)

鉄筋コンクリート造2階建ての旧女川交番は、東日本大震災の津波(引き波)で杭が引き抜かれて横倒しになった。2020年2月末から、震災遺構として公開されている

石巻南浜津波復興祈念公園(宮城県石巻市)

津波と火災で約500人が亡くなった南浜地区の38.8ヘクタールを公園とし、国営の追悼・祈念施設を建設する。2021年3月28日の開園に向けて整備が進む。中央の円形の建物は展示施設「みやぎ東日本大震災津波伝承館」。その奥に見えるのは、石巻市の震災遺構である旧門脇小学校

(写真:日経アーキテクチュア)

膨大なインフラを整備

気仙沼湾横断橋と防潮堤（宮城県気仙沼市）

2021年3月6日開通の三陸沿岸道路気仙沼港インターチェンジ（IC）—唐桑半島IC間に架かる気仙沼湾横断橋は橋長1344m。総事業費は約450億円だ

●総延長570kmの「復興道路・復興支援道路」

八戸JCT（ジャンクション）

侍浜—洋野種市
16km（2020年度末）

野田—久慈
12km（2020年度末）

普代—野田
13km（2021年内）

田野畑南—尾肝要
6km（2020年度末）

復興支援道路
宮古盛岡横断道路
約66km

平津戸・岩井—松草、
川井—箱石、蟇目—腹帯
21km（2020年度末）

宮古中央JCT

復興支援道路
東北横断自動車道釜石秋田線
（釜石—花巻）約80km

復興道路
三陸沿岸道路
359km

花巻JCT

釜石JCT

復興支援道路
宮城県北高速幹線道路
約20km（宮城県施行）

佐沼III期
4km（2021年度）

気仙沼港—唐桑南
7km（2020年度末）

仙台港北

復興支援道路
東北中央自動車道
（相馬—福島）約45km

桑折JCT

相馬

霊山—伊達桑折
10km（2020年度末）

凡例：
━━ 開通区間
── 現道活用区間
━━ 未開通区間
── その他の高速道路

「東部復興道路」で多重防御（仙台市若林区）

仙台市が沿岸部に整備したかさ上げ道路。高さは約6mで、堤防の機能を持つ。2019年11月30日に全線開通した

2021年度内の全線開通に向けて整備が進む。総事業費は震災前に開通していた160kmを含めて約2兆円（資料：国土交通省）

161

急ピッチで進んだ市街地再建 土地や建物を持て余す自治体も

東日本大震災の巨大津波による浸水面積は、JR山手線の内側の面積の約9倍に当たる561km²に及んだ。炉心溶融を起こした東京電力福島第1原子力発電所の廃炉を除けば、津波で壊滅的な打撃を受けた市街地の再建は、この10年間の最大のテーマであり続けたといえる。

復興庁によると、2011〜19年度における復興関連予算の執行見込み額は約37.1兆円。このうち「住宅再建・復興まちづくり」は、最も多い約12.9兆円を占める〔図1〕。

浸水エリアから、山を切り開いて造成した高台の住宅団地に移転する、あるいは浸水した市街地をかさ上げして新たな市街地を築く——。

被災した自治体は天文学的な予算を背景に、防災集団移転促進事業や土地区画整理事業、津波復興拠点整備事業などのメニューを駆使して、市街地の再建や宅地の供給などを展開。「復興・創生期間」の最終年度である20年度末までに、多くの被災地で事業完了のめどがついた〔写真1、図2、3〕。

公営住宅を再編する動きも

住む場所を突然失い、10年を経て生活の基盤をようやく取り戻した被災地が向き合うのは、皮肉にも「過剰」ともいえる土地やインフラだ。

活気に満ちた新たな街が誕生する一方、多くの被災自治体では人口の流出に歯止めがかからず、整備した市街地に空き地が目立つケースが少なくない。市街地を大規模にかさ上げした岩手県陸前高田市では、土地活用率が5割を下回る低水準だ。

少子高齢化や将来のさらなる人口減少に備え、戦略的に撤退戦を始める自治体も出てきた。

震災後に整備した災害公営住宅約4400戸と既存の市営住宅約1300戸を管理する宮城県石巻市は、市営住宅の廃止を進める。入居者には段階的に災害公営住宅に移ってもらう。20年7月に移転計画案を作成した。

市建設部住宅課によると、災害公営住宅の高齢化率（65歳以上の割合）は21年1月末時点で45%を超える。遠からず住戸数が過剰になるのは明らかだ。そこで、老朽化した市営住宅を廃止して管理戸数を適正化する。

時間の経過とともに浮かび上がってきた復興事業の課題。以降のパートでは、その実態を検証し、次なる巨大災害への教訓を探る。

〔図1〕**2011年度から19年度の執行見込み額は約37.1兆円**

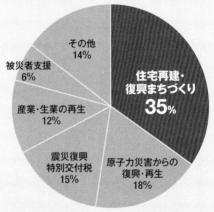

- その他 14%
- 被災者支援 6%
- 産業・生業の再生 12%
- 震災復興特別交付税 15%
- 原子力災害からの復興・再生 18%
- 住宅再建・復興まちづくり 35%

復興庁が2020年7月に発表した、東日本大震災復興関連予算の執行状況。「住宅再建・復興まちづくり」の占める割合は最も大きい（資料：復興庁）

〔写真1〕**防災集団移転でつくった真新しい街**
宮城県石巻市の新蛇田地区（現在の町名は「のぞみ野」）。計画戸数は戸建て住宅730戸、災害公営住宅535戸で市内最大。商業施設や三陸自動車道のインターチェンジが近く、にぎわいを見せる（写真：村上昭浩）

災害危険区域に指定された仙台市
若林区荒浜地区

左は土地区画整理事業で整備した岩手県陸前高田市今泉地区の災害公
営住宅。右は津波復興拠点整備事業で商業施設を整備した高田南地区

高台に移転した宮城県気仙沼市の
大浦地区

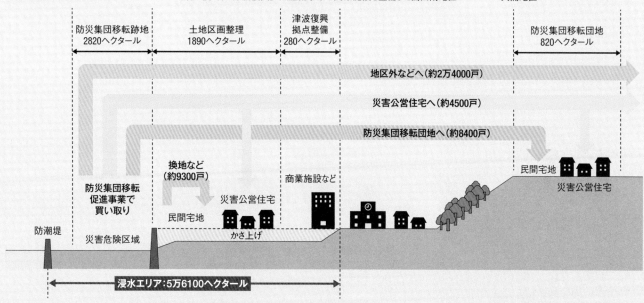

岩手・宮城・福島の被災3県では防災集団移転促進事業で8375戸、土地区画整理事業で9357戸分の宅地を整備した。土地区画整理事業は防災集団移転の団
地造成などでも活用しており、図中の面積にはこれらを含む（資料：国土交通省の資料を基に日経アーキテクチュアが作成、写真：村上昭浩）

〔図3〕宅地などの整備の最盛期は2014〜17年度

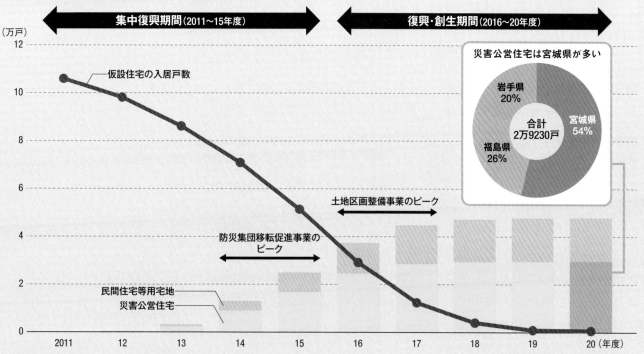

岩手・宮城・福島の被災3県における応急仮設住宅の入居戸数と民間住宅等用宅地の供給数、災害公営住宅の供給数（原発避難の帰還者向けは除く）の推移。
各年度末時点の数値を集計した（2020年度のみ21年1月末時点）（資料：復興庁や岩手県、宮城県、福島県などの資料を基に日経アーキテクチュアが作成）

〔写真1〕**山を切り開いて住宅団地を整備**
宮城県石巻市佐須地区の住宅団地。市が山を切り開いて造成した。右写真中央が造成前の山の様子（2012年撮影）。石巻市では東日本大震災で3277人が亡くなり（直接死）、計約3万3000棟の建物が全半壊に至った（写真：左は村上昭浩、右は国土地理院）

検証・高台移転

1戸に1億円超も投じた団地の苦境
「差し込み型」防災集団移転に学べ

宮城県石巻市が住宅再建に向けて実施した防災集団移転促進事業の総事業費は約880億円に上る。利便性の良い市街地に整備した団地がにぎわう一方、半島部の高台に点在する小規模団地は苦境に立たされている。

JR石巻駅から車で30分、牡鹿半島の西北に位置する宮城県石巻市渡波の佐須地区。市が防災集団移転促進事業で山林を切り開くなどして整備した半島部46地区のうち、特

に事業費が高い団地の1つだ。復興交付金事業計画の進捗状況を基に日経アーキテクチュアが独自に概算した1戸当たりの事業費（住宅の建設費は除く）は、約1億4000万円に上る〔写真1、図1〕。

コストが膨らんだのは、法面などの土木構造物が多いからだ。佐須地区では緑地・法面の面積が団地全体の57％超を占める。同地区では2016年度に造成を完了したが、住宅が立っているのは全15区画のうち、災

害公営住宅4戸を含む7戸にすぎない（21年2月時点）。

佐須地区に限らず、半島部の住宅団地の事業費は1戸当たり平均約6000万円と総じて高コストだ。空き区画も少なくない。被災住民の意向の変化などで使われていない区画は、整備した612戸分（災害公営住宅を除く）のうち80戸を超える。

雄勝地域の高齢化率は約57％

半島部では、東日本大震災前から

〔図1〕高コストになった石巻市半島部の高台移転

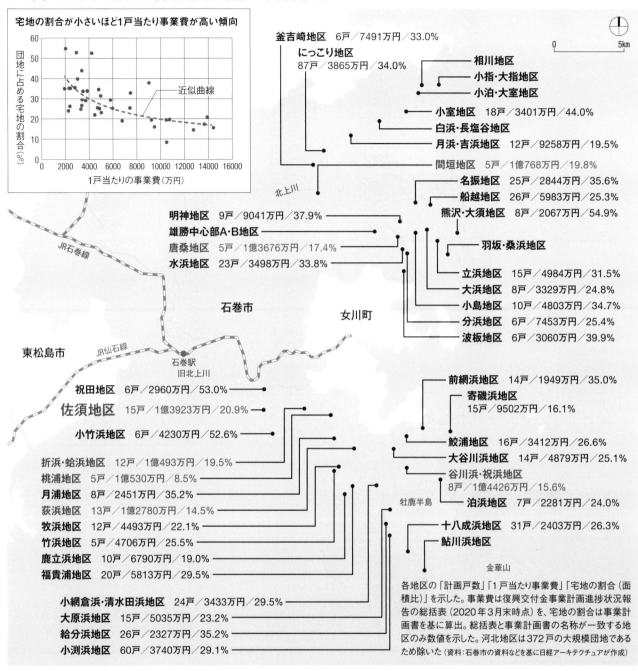

宅地の割合が小さいほど1戸当たり事業費が高い傾向

（グラフ）
- 縦軸：団地に占める宅地の割合（％）　0〜60
- 横軸：1戸当たりの事業費（万円）　0〜16000
- 近似曲線

釜吉崎地区　6戸／7491万円／33.0%
にっこり地区　87戸／3865万円／34.0%
相川地区
小指・大指地区
小泊・大室地区
小室地区　18戸／3401万円／44.0%
白浜・長塩谷地区
月浜・吉浜地区　12戸／9258万円／19.5%
間垣地区　5戸／1億768万円／19.8%
名振地区　25戸／2844万円／35.6%
船越地区　26戸／5983万円／25.3%
熊沢・大須地区　8戸／2067万円／54.9%
羽坂・桑浜地区
立浜地区　15戸／4984万円／31.5%
大浜地区　8戸／3329万円／24.8%
小島地区　10戸／4803万円／34.7%
分浜地区　6戸／7453万円／25.4%
波板地区　6戸／3060万円／39.9%

北上川

明神地区　9戸／9041万円／37.9%
雄勝中心部A・B地区
唐桑地区　5戸／1億3676万円／17.4%
水浜地区　23戸／3498万円／33.8%

JR石巻線

石巻市

女川町

東松島市　JR仙石線

石巻駅
旧北上川

祝田地区　6戸／2960万円／53.0%
佐須地区　15戸／1億3923万円／20.9%
小竹浜地区　6戸／4230万円／52.6%

折浜・蛤浜地区　12戸／1億493万円／19.5%
桃浦地区　5戸／1億530万円／8.5%
月浦地区　8戸／2451万円／35.2%
荻浜地区　13戸／1億2780万円／14.5%
牧浜地区　12戸／4493万円／22.1%
竹浜地区　5戸／4706万円／25.5%
鹿立浜地区　10戸／6790万円／19.0%
福貴浦地区　20戸／5813万円／29.5%

小網倉浜・清水田浜地区　24戸／3433万円／29.5%
大原浜地区　15戸／5035万円／23.2%
給分浜地区　26戸／2327万円／35.2%
小渕浜地区　60戸／3740万円／29.1%

前網浜地区　14戸／1949万円／35.0%
寄磯浜地区　15戸／9502万円／16.1%
鮫浦地区　16戸／3412万円／26.6%
大谷川浜地区　14戸／4879万円／25.1%
谷川浜・祝浜地区　8戸／1億4426万円／15.6%
泊浜地区　7戸／2281万円／24.0%
十八成浜地区　31戸／2403万円／26.3%
鮎川浜地区

牡鹿半島

金華山

各地区の「計画戸数」「1戸当たり事業費」「宅地の割合（面積比）」を示した。事業費は復興交付金事業計画進捗状況報告の総括表（2020年3月末時点）を、宅地の割合は事業計画書を基に算出。総括表と事業計画書の名称が一致する地区のみ数値を示した。河北地区は372戸の大規模団地であるため除いた（資料：石巻市の資料などを基に日経アーキテクチュアが作成）

人口減少と高齢化が進んでいた。このため、高台の小規模団地の持続可能性について危惧する声が当初からあった。案の定、人口減少と高齢化は震災後に加速。最も深刻な雄勝地域の場合、20年3月末時点の人口は1189人、高齢化率（65歳以上の割合）は約57%。11年3月末から人口は3000人超も減り、高齢化率は約18ポイントも上昇した。高台の団地は、早くも存続の瀬戸際にある。

非効率で、将来性に問題を抱える事業はなぜ大々的に展開されたのか。石巻市の防災集団移転に詳しい東北工業大学の稲村肇名誉教授は「被災自治体に全面的に責任を持たせた点に問題があった」と指摘する。

石巻市が整備した住宅団地は54地区、約196万m²、計画戸数2639戸で、いずれも被災自治体で最も多い。復興CM（コンストラクション・マ

ネジメント)方式で負担軽減を図ったものの、住民の住宅再建意向の確認や土地探し、買収交渉などが市職員の肩にのしかかった。一方で、国は自治体に対して事業費の全額を負担する方針を示した。費用がかかってもいいなら、山を削ればいい——。モラルハザードを招いたのは当然の帰結だったと稲村名誉教授は振り返る。

既存の集落に「差し込む」

市も手をこまぬいているわけではない。空き区画の解消に向けて20年度から進めているのが、水産事業者の寄宿舎を整備するプラン。石巻市復興事業部集団移転推進課は、「国と協議し、復興に資するとして了解を得た初の試みだ。水産事業者には住民から同意を得るよう求めた。コロナ禍で同意をもらうのに苦労しているようだが、複数箇所で調整が進んでいる」と説明する。

それでも、一旦大規模な造成をしてしまうと、軌道修正は難しい。そもそも次の巨大災害で、東日本大震災の復興と同様の手厚い財政支援措置を講じる余裕はなさそうだ。

いかに効率的に移転先を整備するか。参考になるのが、岩手県大船渡市が防災集団移転促進事業で整備した23地区の約半分に採用した「差し込み型」と呼ぶ手法だ。その名の通り、既存集落の付近に土地を確保し、宅地を「差し込む」ように整備する。大規模造成を必要とせず、既存インフラを活用するため安くつく。

仙台市の市民団体、東日本大震災復旧・復興支援みやぎ県民センター(以下、みやぎ県民センター)が復興交付金事業計画の進捗状況を基に算出した、大船渡市の差し込み型移転の事業費は1戸当たり3237万円。石巻市半島部の約半分で済んだ〔図2、3〕。みやぎ県民センターの小川静治事務局長は「石巻は大船渡と異なり、地形的に差し込み型を多用するのが難しい。それでも、もう少しやりようがあったのでは」と指摘する。

大規模造成に比べて早く整備できるのも特長だ。みやぎ県民センター

〔図2〕整備コストが低い大船渡市の「差し込み型」移転

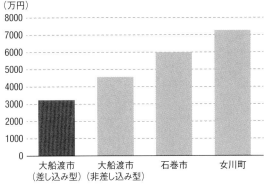

大船渡市の差し込み型は造成地を一部組み合わせたエリアを含む。宮城県女川町は、防災集団移転促進事業を実施した漁村13地区が集計対象。石巻市は日経アーキテクチュアが概算
(資料:東日本大震災復旧・復興支援みやぎ県民センターの資料などを基に日経アーキテクチュアが作成)

〔図3〕既存の集落にある空き地などに「差し込む」

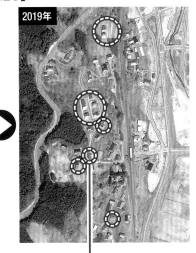

差し込み型の移転を実施した岩手県大船渡市越喜来(浦浜)地区。被災直後と整備後を比較した。大船渡市は防災集団移転促進事業で23地区、300戸の宅地を整備した
(写真:上の2点は国土地理院、下は国土交通省)

一歩先行く高台移転

共同発注で費用削減、景観を統一

差し込み型の防災集団移転を実施した岩手県大船渡市末崎町碁石地区。民間宅地17戸を、災害公営住宅6戸と併せて整備した。住宅再建に向けて、様々な士業の団体で構成する災害復興まちづくり支援機構や日本大学が住民を支援。新たな集落を「りあすの丘」と名付けて2017年に街びらきを迎えた〔写真2〕。

この集落の特徴は、街並みや景観にも気を使いながら街づくりを進めた点だ。当初、行政が示した住戸や道路の配置は直線と矩形で構成されており、味気ないものだった。碁石地区を支援した防災科学技術研究所の佐藤隆雄客員研究員は「敷地に傾斜があるため、そのまま進めると段々畑のようになる恐れがあった」と話す。そこで、市と粘り強く交渉し、なだらかなスロープ状に変更してもらった〔図4〕。

住宅の配置も、向かい合うようになっていた当初案から変更。隣地境界線から2mは、なるべく何も建てないようにして、どの家からも海が見えるようにしたという。さらに、再建する住宅については、一部ながら共同発注とすることで、景観の調和を図りつつ、資材費などの削減にも取り組んだ。日本建築家協会岩手地域会の支援チーム「リアスの風」が住民をサポートした。

〔写真2〕どの住戸からも海が見える
碁石地区に整備した住宅団地
（写真・資料：下も防災科学技術研究所の佐藤隆雄客員研究員）

〔図4〕行政に掛け合ってプランを変更

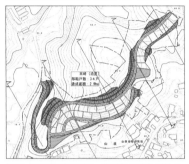

当初、直線の道路に沿って矩形の敷地が並ぶ構成だったが、行政と交渉して自然な配置計画に変更した

によると、大船渡市の差し込み型移転の工期は平均209日。全国平均である約580日の半分以下だ。

住民が自ら地主と交渉

大船渡市に差し込み型の移転を提案したのが、防災科学技術研究所の佐藤隆雄客員研究員。市復興計画推進委員会の委員などを務める。

大船渡市出身の佐藤客員研究員は震災直後、同郷の友人と東京から物資を届けたのをきっかけに、市の支援を始めた。地元を見て回るうちに、津波の被害を免れた集落の周辺には、空き地や耕作放棄地があることに気づき、差し込み型を提案した。

佐藤客員研究員の提案などを踏まえて差し込み型の移転を採用した大船渡市。その実施体制もユニークだ。「行政主導の石巻などと異なり、どの場所に誰と移転したいかを住民自身に決めてもらった。さらに移転候補地の土地所有者との交渉の一部も住民に委ねた」（佐藤客員研究員）

地元をよく知る住民が土地を探せば効率的。住民同士で売買交渉をすれば、地主が値段をつり上げるようなことも起こりにくい。佐藤客員研究員は「売ってくれるかどうかの意思確認までは住民が自ら実施し、最終的に市が買収した。これも安く上げられた理由の1つだ」と説明する。

住民の負担はもちろん、サポートする市の労力もかなりのものだ。そこで、被災地の支援に駆け付けた大学や、佐藤客員研究員が事務局次長を務める災害復興まちづくり支援機構などが住民の活動を後押しした。同機構は弁護士や司法書士、不動産鑑定士などの団体を会員に抱える。

佐藤客員研究員は、将来の発生が見込まれる巨大災害の復興でも、差し込み型が有効だと説く。「行政が被災した住民に再建を任せるスタンスが重要だ。平時から住民が主体的に動ける素地をつくり、そのためのサポート体制をどのように構築するかが課題になる」（佐藤客員研究員）

167

復興・街づくり編

検証・津波防災街づくり

困難極めた防潮堤と街づくりの両立
気仙沼・大谷海岸が砂浜を残せたワケ

東日本大震災の被災地に建設された巨大な防潮堤。街と海を分断する存在として批判されることが少なくない。防潮堤と街づくりは、両立し得ないのか。宮城県気仙沼市の大谷海岸の取り組みを追った。

　2月中旬、宮城県気仙沼市の有名な海水浴場、大谷海岸では2021年夏の海開きに向けて、防潮堤の建設

が急ピッチで進んでいた〔写真1〕。

　大谷海岸は、名物の砂浜を保全するために、防潮堤の位置を当初計画から陸側に後退させたのが特徴だ。住民が主導し、行政と対話しながら防災と街づくりの両立を実現した。

　セットバックした防潮堤は延長677m。かさ上げした国道45号との兼用堤とし、県が整備を進めている。防潮堤の背後地のかさ上げや街づく

りは気仙沼市が担う。整備面積は約4万m²。3月には新たな道の駅が開業した〔図1〕。

L1津波を防ぐ防潮堤が物議

　東日本大震災の復旧・復興では、数十年から百数十年に1回の頻度で発生する津波（L1津波）を防潮堤で防ぎ、数百年に1回の最大クラスの津波（L2津波）はハードとソフトの

[写真1] 砂浜を保存して防潮堤を建設
宮城県気仙沼市の大谷海岸で建設中の防潮堤。当初の位置からセットバックし、砂浜を保存した。背後地では街づくりが進む。左端の建物は2021年3月に開業する道の駅。敷地内にBRTの駅を移設する（写真：村上昭浩）

[図1] 住民の要望を反映した配置に
大谷海岸の完成イメージ図。国道と堤防が一体化している（資料：宮城県気仙沼土木事務所）

[写真2] 当初は砂浜がなくなる計画だった
当初計画では、海抜9.8m、幅40mの巨大防潮堤を砂浜を覆うように建設することになっていた
（資料：三浦友幸氏の資料や取材を基に日経コンストラクションが作成）

対策を組み合わせた「多重防御」で対応する方針を国が示した。

これを基に、場所によっては高さ10mを超える防潮堤が計画された。東日本大震災の被災6県で計画された海岸堤防などの延長は計約432km。20年9月末時点で8割が完成している。

海岸の景観を一変させる防潮堤の建設を巡っては、各地で議論が沸騰した。巨大津波による被害が実際に起こった以上、安全性を確保するために一定の基準を示すのは必要なことだろう。問題は、多くのケースで地域の事情や特性をうまく反映できなかったことだ。

生態系を生かした防災・減災に詳しい森林研究・整備機構の中静透理事長は、「住民の意向を十分に聞けず、合意を得る努力も満足になされない自治体が多かった。そんななか、大谷海岸は砂浜を残して景観を守っ

た数少ない事例だ」と指摘する。

住民が防潮堤の代替案を提示

大谷地区では当初、高さ9.8m、幅40mの台形断面をした防潮堤を海際につくる計画が示された〔写真2〕。

高さは震災前の3倍超。堤防の占める面積は大幅に増え、砂浜はすっぽり覆われてしまう。

「砂浜は地域のアイデンティティーだった」。住民のまとめ役として活動してきたキーパーソンで、現在は気

仙沼市議会議員を務める一般社団法人プロジェクトリアスの三浦友幸代表理事はこう話す。

砂浜を守るため、大谷地区の住民は、防潮堤の計画変更を求めて立ち上がった。12年7月から2カ月かけて、「建設計画の一時停止」と「防潮堤の高さや形、位置などについて住民意見の反映」を求める署名活動を実施。大谷地区の人口約3700人のうち1324人の署名が集まった。

さらに、三浦代表理事らが発起人となって、防潮堤に関する政策や街づくりを学ぶ「防潮堤を勉強する会」を発足。専門家などを講師に招いた勉強会には、3カ月弱で延べ2500人以上が参加した。会の目的は、あくまで防潮堤に関する理解を深めることとし、賛成・反対を議論する場ではないと位置付けた。

勉強会の成果を踏まえ、大谷地区の自治会連合会である大谷地区振興会連絡協議会は12年11月、防潮堤計画の進め方の改善を求める要望書を宮城県などに提出。加えて震災前と同等程度の砂浜を確保する復興計画を気仙沼市長に提出した。

大谷地区の住民が目指したのは、現在の計画のように国道を9.8mの高さまでかさ上げして防潮堤と兼用するプランだった。ただ、この提案を実現に導くには、いくつかの壁を乗り越えねばならなかった。

海岸を県の管轄に

大谷海岸の大部分は林野庁の管

〔図2〕**セットバックには様々な管理者との調整が必要**

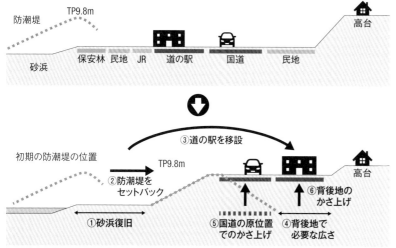

大谷海岸とその背後地には様々な管理者がおり、防潮堤のセットバックには調整が必要だった（上）。最終的には海岸の管轄を林野庁から宮城県土木部に変更するなどしてセットバックが実現した（下）
（資料：三浦友幸氏や宮城県の資料と取材を基に日経アーキテクチュアが作成）

〔図3〕**手描きのイラストで住民の要望を伝える**

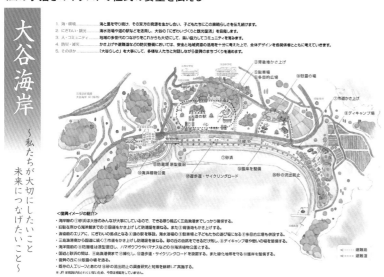

大谷地区振興会連絡協議会と大谷里海づくり検討委員会が2015年8月に気仙沼市に提出した住民の要望書（資料：大谷里海づくり検討委員会）

防潮堤をつくらなかった舞根地区

〔写真3〕高台に移転した舞根地区
舞根地区は標高40mの高台に移転した。その手前の海沿いの低地は特に津波の被害が大きかった箇所。地震で70cmほど地盤が沈下して出現した湿地を保存している
（写真：横山勝英・東京都立大学教授）

宮城県気仙沼市には、防潮堤の建設を拒否した地区がある。舞根地区だ〔写真3〕。東日本大震災で、舞根地区は52世帯のうち44世帯が甚大な被害を受けた。それでも、震災から1カ月後には「防災集団移転促進事業期成同盟会」を結成。被災地で最も早く立ち上がった住民主体の組織だった。

同盟会は2011年6月、市に高台移転の要望書を提出するものの、市が示した移転計画は敷地や標高、造成費などが住民の要望と一致しなかった。そこで住民は、東京都立大学都市環境学部の横山勝英教授に協力を求める。横山教授は震災直後から、地元の養殖事業を支援していた。

12年2月には、住民の要望を踏まえた宅地レイアウトなどに基づき、造成費の削減策まで市に提出。その後、市は住民案に基づいて計画を進めることになる。「被災から4年半ほどで生活を再建できた。円滑に復興が進んだ事例だ」と、横山教授は分析する。

被災した他の地域と同様に、高さ9.9mで建設する予定だった防潮堤については、住民が「移転跡地を防潮堤で守る必要はない。将来を考えると自然環境や風景を大切にした街づくりの方がいい」と判断。事業を撤回する提案が、市に受け入れられた。

轄で、防潮堤は背後の保安林を守る目的を持っていたため、保安林を越えてセットバックするのが難しい。加えて防潮堤の背後には、鉄道用地や道の駅、国道などがある。防潮堤を陸側に後退させるには、複数の事業者との調整が必要だ〔図2〕。

実現に向けて、尽力したのが若い世代の住民だった。三浦代表理事ら当時20～30代の有志が集まって「大谷まちづくり勉強会」を結成。さらに14年9月には自治会と協力して復興街づくりを検討する「大谷里海づくり検討委員会」を立ち上げた。メンバーの8割は20～40代だ。

委員会は15年8月、国道のかさ上げや砂浜の保全など、住民の要望をくまなく記した復興イメージを市に提出した〔図3〕。作成に当たっては住民の意見を第一に考え、「専門家の意見が入らないようにした」（三浦代表理事）。委員会にも専門家を呼ばなかった。

それから約1年後、16年7月の住民説明会で県はついに、防潮堤をセットバックしてかさ上げした背後地と一体化する案を示した。住民の熱意に加え、状況の変化も有利に働いたようだ。

県気仙沼土木事務所の齋藤秀一次長は、「JR気仙沼線のBRT（バス高速輸送システム）化が決定し、鉄道と国道を一体化できるようになった。防潮堤のセットバックが可能になった理由の1つだ」とする。

海岸の管轄を林野庁から宮城県土木部に変更したことも後押しした。防潮堤が治山施設から「建設海岸」に変わり、保安林の復旧が不要になった。

三浦代表理事は「かさ上げしたおかげで、国道から海を眺められる。当初計画のまま防潮堤をつくっていれば、この景色はなかっただろう」と感慨深げに語る。

171

この記事は 日経コンストラクション 2021年3月8日号の記事を再構成した

復興は
まだ終わ

CONTENTS

復興道路が変えた常識
「新設で良質なコンクリート」が定着 ………… ▶174

財源の使い勝手
買収型の津波復興拠点整備に活路 ………… ▶179

被災直後の対応
即時のシミュレーションで命を救う ………… ▶183

事前復興に注力せよ
34mの津波想定でも諦めない ………… ▶185

「想定外」と言われる津波が東北沿岸部に壊滅的な被害をもたらした東日本大震災から10年。道路や防潮堤の整備、高台移転など多くのインフラ事業が進んだ。しかし、復興で成し遂げられたこと、成し遂げられなかったことの評価・検証は進んでいない。将来の大災害に備えるために、復興の取り組みの10年を総括する。（真鍋 政彦、安藤 剛、奥山 晃平）

らない

宮城県気仙沼市。コンクリートの防潮堤の背後に、2021年3月6日に開通する気仙沼湾横断橋が見える（写真：村上 昭浩）

写真1■ 橋長254mで3径間の普代川大橋。西武建設は1径間の芦渡こ道橋や2径間の芦渡橋の施工を経て、普代川大橋に臨んだ（写真:右ページも西武建設）

復興道路が変えた常識

「新設で良質なコンクリート」が定着

コンクリートの品質を確保する丁寧な施工体制を確立させ、環境に合わせた劣化対策を設計で盛り込む――。
復興道路では品質と耐久性を確保する取り組みが定着し、試行工事から手引作成、水平展開までを実現した。
初期の変状が大幅に減るといった効果も表れており、全国へ取り組みが波及している。

　復興道路の全線開通が見えてきた2020年。岩手県を通る尾肝要普代道路の普代川大橋で、復興道路の取り組みを象徴する構造物が完成した。4径間の鋼箱桁に打設する鉄筋コンクリート（RC）床版で、幅0.2mm以上のひび割れがゼロだった（写真1）。

　現場所長を務めた西武建設土木事業部東日本工事課の木村伸貴担当次長は、次のように振り返る。「コロナ禍で作業員を集めるのも大変だったが、学識者の助言などを踏まえて非常に奇麗な出来に仕上がった」

　試験施工を実施し、バイブレーターのかけ方を徹底。養生期間を1カ月と通常よりも長めに設定し、湿潤状態を保った（写真2、3）。橋長が254mと長いので、7区間に分けて打設。その順番にも配慮した。

　ただそれだけで「ひびゼロ」を実現できたわけではない。材料にも手を加えた。「ひび割れが懸念される2スパンは、膨張剤の添加量を通常の20kgから25kgに増やした」と木村次長は言う（図1）。膨張剤を増やすと凍害抵抗性が落ちるため、試験施工で問題がないことを確認して本施工に臨んだ。

　他にも、壁高欄の目地を変更した。国土交通省東北地方整備局が19年に作成した「東北地方におけるRC床版の耐久性確保の手引き（案）」では、負曲げの影響を考慮して、中間支点上に伸縮目地を採用するよう明記している（図2）。

　しかし、供用中の橋で伸縮目地から入ったひび割れが床版まで延びるケースが散見されていた。耐久性に悪影響を及ぼすため、普代川大橋では全てひび割れ誘発目地に変更。結果的に床版まで延びるひび割れはほぼゼロに抑えられたという。

ポイントは品質確保が先

　11年11月の第3次補正予算の成

写真2■ 普代川大橋の前に施工した芦渡こ道橋での締め固めの様子。40cm四方にバイブレーターを6秒かけて2秒抜くといった作業を徹底した

写真3■ 養生の様子。山間部で水源がないため、少量の水で保水効果のある水搬送シートを使った

立を経て、走り出した復興道路・復興支援道路事業。約360kmの路線で、100本以上のトンネルと200橋以上の橋を、おおむね10年で造る壮大な計画を掲げた。塩害や凍害による劣化が顕在化していた東北地方で、これまで通りに造っていては将来の補修予算が逼迫する。

そこで産官学で連携して進めてきたのが、コンクリートの品質と耐久性を高める取り組みだった。品質確保の面では、施工状況把握チェックシートを使って適切な手順で施工しているかを確認し、脱型後に表層を目視評価する。東北地整は、これら

図1■ 床版の打設ロッドや膨張剤の混入量で工夫

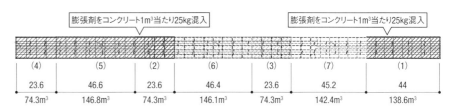

床版の打設ロッド。カッコ内の数値は打設の順番。引き出し線の上の数字は長さ、下は打設量(資料:西武建設)

図2■ 手引では伸縮目地の最小限の配置を明記していた

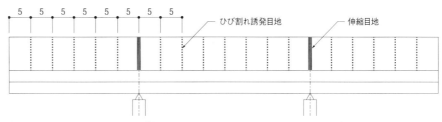

(資料:国土交通省東北地方整備局「東北地方におけるRC床版の耐久性確保の手引き(案)」)

図3■ 品質確保の施工体制を実現してから耐久性確保を図る

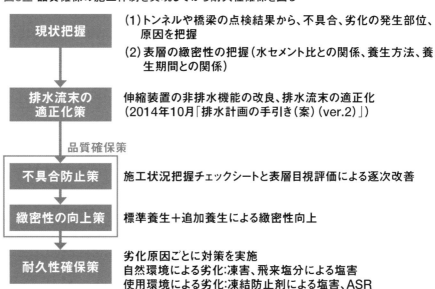

| 現状把握 | (1)トンネルや橋梁の点検結果から、不具合、劣化の発生部位、原因を把握
(2)表層の緻密性の把握(水セメント比との関係、養生方法、養生期間との関係) |
| 排水流末の適正化策 | 伸縮装置の非排水機能の改良、排水流末の適正化
(2014年10月「排水計画の手引き(案)(ver.2)」) |

品質確保策

不具合防止策	施工状況把握チェックシートと表層目視評価による逐次改善
緻密性の向上策	標準養生＋追加養生による緻密性向上
耐久性確保策	劣化原因ごとに対策を実施 自然環境による劣化:凍害、飛来塩分による塩害 使用環境による劣化:凍結防止剤による塩害、ASR

(資料:佐藤 和徳)

の試行工事を橋梁で約90件、トンネルで約50件発注してきた。

耐久性確保では、自然環境や供用条件などに応じた劣化対策を設計に盛り込んだ。RC床版で耐久性を確保する「高耐久床版」の試行工事の発注件数は、30件に上る。耐久性確保を目指した設計を採用する場合、施工に不具合が出ればコストをかけて実施する意義が揺らぐ。そのため、品質確保を先に進めるようにした(図3)。

図4■ 復興道路では三陸沿岸を中心に様々な試行を展開

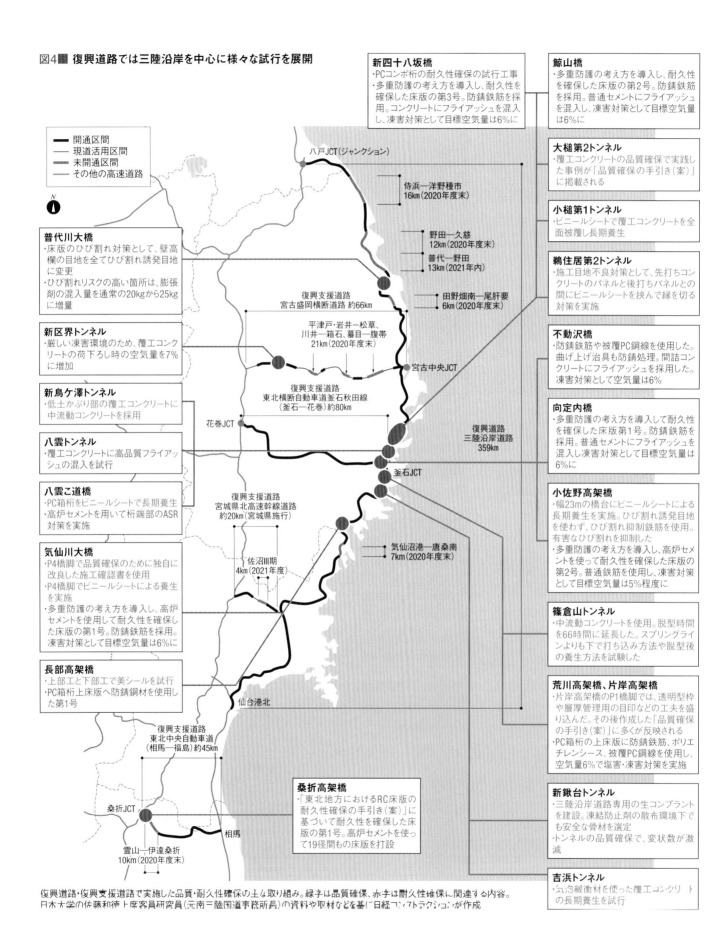

新四十八坂橋
・PCコンポ桁の耐久性確保の試行工事
・多重防護の考え方を導入し、耐久性を確保した床版の第3号。防錆鉄筋を採用。コンクリートにフライアッシュを混入し、凍害対策として目標空気量は6%に

鯨山橋
・多重防護の考え方を導入し、耐久性を確保した床版の第2号。防錆鉄筋を採用。普通セメントにフライアッシュを混入し、凍害対策として目標空気量は6%に

凡例
― 開通区間
― 現道活用区間
― 未開通区間
― その他の高速道路

N

八戸JCT（ジャンクション）

侍浜―洋野種市
16km（2020年度末）

野田―久慈
12km（2020年度末）

普代―野田
13km（2021年内）

田野畑南―尾肝要
6km（2020年度末）

普代川大橋
・床版のひび割れ対策として、壁高欄の目地を全てひび割れ誘発目地に変更
・ひび割れリスクの高い箇所は、膨張剤の混入量を通常の20kgから25kgに増量

大槌第2トンネル
・覆工コンクリートの品質確保で実践した事例が「品質確保の手引き（案）」に掲載される

小槌第1トンネル
・ビニールシートで覆工コンクリートを全面被覆し長期養生

復興支援道路
宮古盛岡横断道路 約66km

平津戸・岩井―松草、
川井―箱石、墓目―腹帯
21km（2020年度末）

宮古中央JCT

新区界トンネル
・厳しい凍害環境のため、覆工コンクリートの荷下ろし時の空気量を7%に増加

鵜住居第2トンネル
・施工目地不良対策として、先打ちコンクリートのパネルと後打ちパネルとの間にビニールシートを挟んで縁を切る対策を実施

復興支援道路
東北横断自動車道釜石秋田線
（釜石―花巻）約80km

花巻JCT

新鳥ケ澤トンネル
・低土かぶり部の覆工コンクリートに中流動コンクリートを採用

不動沢橋
・防錆鉄筋や被覆PC鋼線を使用した。曲げ上げ治具も防錆処理。間詰コンクリートにフライアッシュを採用した。凍害対策として空気量は6%

八雲トンネル
・覆工コンクリートに高品質フライアッシュの混入を試行

復興道路
三陸沿岸道路
359km

釜石JCT

向定内橋
・多重防護の考え方を導入して耐久性を確保した床版第1号。防錆鉄筋を採用。普通セメントにフライアッシュを混入し凍害対策として目標空気量は6%に

八雲こ道橋
・PC箱桁をビニールシートで長期養生
・高炉セメントを用いて桁端部のASR対策を実施

小佐野高架橋
・幅23mの橋台にビニールシートによる長期養生を実施。ひび割れ誘発目地を使わず、ひび割れ抑制鉄筋を使用。有害なひび割れを抑制した
・多重防護の考え方を導入し、高炉セメントを使って耐久性を確保した床版の第2号。普通鉄筋を使用し、凍害対策として目標空気量は5%程度に

気仙川大橋
・P4橋脚で品質確保のために独自に改良した施工確認書を使用
・P4橋脚でビニールシートによる養生を実施
・多重防護の考え方を導入し、高炉セメントを使用して耐久性を確保した床版の第1号。防錆鉄筋を採用。凍害対策として目標空気量は6%に

復興支援道路
宮城県北高速幹線道路
約20km（宮城県施行）

佐沼III期
4km（2021年度）

気仙沼港―唐桑南
7km（2020年度末）

篠倉山トンネル
・中流動コンクリートを使用。脱型時間を66時間に延長した。スプリングラインよりも下で打ち込み方法や脱型後の養生方法を試験した

長部高架橋
・上部工と下部工で美シールを試行
・PC箱桁上床版へ防錆鋼材を使用した第1号

荒川高架橋、片岸高架橋
・片岸高架橋のP1橋脚では、透明型枠や厚層管理用の目印などの工夫を盛り込んだ。その後作成した「品質確保の手引き（案）」に多くが反映される
・PC箱桁の上床版に防錆鉄筋、ポリエチレンシース、被覆PC鋼線を使用し、空気量6%で塩害・凍害対策を実施

仙台港北

復興支援道路
東北中央自動車道
（相馬―福島）約45km

桑折JCT

桑折高架橋
・「東北地方におけるRC床版の耐久性確保の手引き（案）」に基づいて耐久性を確保した床版の第1号。高炉セメントを使って19径間もの床版を打設

新鍬台トンネル
・三陸沿岸道路専用の生コンプラントを建設。凍結防止剤の散布環境下でも安全な骨材を選定
・トンネルの品質確保で、変状数が激減

相馬

霊山―伊達桑折
10km（2020年度末）

吉浜トンネル
・気泡緩衝材を使った覆工コンクリートの長期養生を試行

復興道路・復興支援道路で実施した品質・耐久性確保の主な取り組み。緑字は品質確保、赤字は耐久性確保に関連する内容。日本大学の佐藤和徳上席客員研究員（元南三陸国道事務所長）の資料や取材などを基に日経コンストラクションが作成

写真4■ 型枠継ぎ目のノロ漏れを防ぐために型枠同士の締め付け金具を1個から2個に増やした（写真：このページは佐藤 和徳）

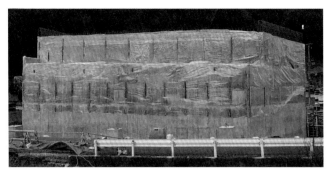

写真5■ 小佐野高架橋では、幅23mの橋台をまるまるビニールシートで長期養生した

写真6■ フライアッシュを混入した他、防錆鉄筋を採用し、目標空気量を6%にした向定内橋。複合防御網の考え方を導入して耐久性を確保した床版第1号

写真7■ 八雲トンネルでは高品質フライアッシュを混入した覆工コンクリートを打設した

冒頭の普代川大橋は、この考えをくんでいる。復興道路で生まれた知見を十分に反映しながら、さらなる改善を求めて伸縮目地を全く入れないという新しい取り組みに挑んだ。

「まずは試行工事で挑戦。そこで分かったことを手引に反映し、水平展開した。復興道路の工事量が多いので、知見がどんどん集まった」。品質と耐久性を確保する取り組みで、南三陸国道事務所長として中心的な役割を担った日本大学の佐藤和徳上席客員研究員は、こう話す。

試行から手引に反映するまでの早さが復興道路事業の特徴だ。

複合防御網で高耐久化

復興道路での品質と耐久性を確保する取り組みは、多岐にわたる（図4）。例えば、岩手県釜石市にある片岸高架橋の下部構造では、材料分離を低減する打ち込みホースを採用したり、型枠同士の締め付け金具を増やしたりした（写真4）。ここでの取り組みは東北地整が15年に作成した「品質確保の手引き（案）」に反映されている。

安価なビニールシートによる養生は、多くの復興現場で見られた（写真5）。トンネルでも、ビニールシートを挟んで縁を切る施工目地の

不良対策が採用された。

他方、耐久性確保の代表例となった高耐久床版では、エポキシ樹脂塗装鉄筋の採用や空気量の増加、高炉セメント・フライアッシュの混入など、環境に合わせた対策を講じてきた（写真6）。橋だけでなく、八雲トンネルでは高品質フライアッシュを混入（写真7）。新区界トンネルでは空気量を増やした。

「塩害や中性化だけでなく凍害、アルカリシリカ反応、疲労などが複合的に生じることで、急速に劣化が進行する。そこで予想される1つの劣化に複数の対策を講じる『複合防御

網』を張った」。復興道路で主に耐久性確保に尽力してきた日本大学工学部の岩城一郎教授は、こう説明する。

次の試行はより過酷な環境

今後、重要になるのが試行工事で完成した構造物の耐久性の検証だ。三陸沿岸道路で一番長い新鍬台トンネルでは、震災以前に造られたトンネルと比べて、完成時点の打設スパン当たりの変状数が3分の1に激減した（図5）。特に、変状の全くないスパンが確実に増えていた（図6）。

「震災前に完成したトンネルと比べて、天端の重度のひび割れや施工目地部の変状が劇的に減っていた」。復興道路の取り組みに長年関わっている横浜国立大学大学院の細田暁教授は、複数の点検結果を比べてこう話す。

施工に起因した不具合の影響が出るまでには、15～20年かかる場合が多く、引き続き検証を続ける必要があるものの、「感覚的に良い構造物ができている」と細田教授は言う。

東北地整は復興道路の事業完了後も、品質・耐久性確保に向けた試行を続ける予定だ。「今後は日本海側の道路や、太平洋と日本海を結ぶ横断系の道路事業が中心になる。復興道路よりも寒く、海からの風が強いなど、環境条件が厳しくなる。品質と耐久性を確保する取り組みは今まで以上に重要になるだろう」。東北地整道路工事課の菊地淳課長補佐はこう説明する。

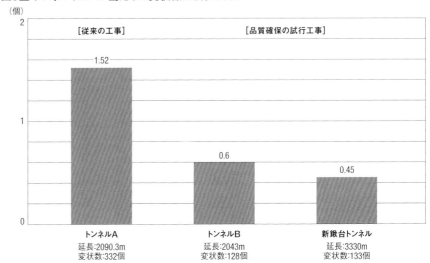

図5 ■ トンネル1スパン当たりの変状数は3分の1に

試行工事の効果検証。左アーチと天端、右アーチの1スパン当たりの変状数
（資料：下も佐藤 和徳）

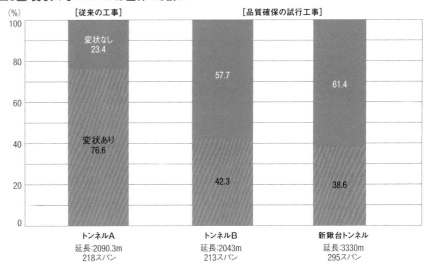

図6 ■ 変状のないスパンは全体の6割に

試行工事の効果検証。全スパンにおける変状の有無を百分率で示す。左アーチと天端、右アーチの変状で判断した

東北を飛び出して、全国へも復興道路の"スピリット"は受け継がれている。国交省は18年度以降、品質確保の試行工事を全国で毎年20件前後発注している。

「試行後の調査では、目視評価で品質向上を図れたという意見が6割に上った。施工状況把握チェックシートで受発注者の役割が明確になり、品質確保に向けた意識が高まったという声が上がっている」。国交省技術調査課建設システム管理企画室の清憲三技術管理係長はこう話す。

20年度からは学識者などのフォローが可能になった。「事前の勉強会などで、品質確保の目的や考え方を共有できるようになったのは大きい」と、細田教授は評価する。

買収型の津波復興拠点整備に活路

復興交付金の効果促進事業や取り崩し型復興基金で、各自治体は地域の特性に応じた復興を進められた。
復興交付金の基幹事業では買収で復興街づくりを進める津波復興拠点整備事業が、効果を発揮している。
ただし基幹事業の1つである土地区画整理事業については、課題も残った。

写真1■ 津波復興拠点整備事業の効果促進事業で津波防護対策を実施した燃油タンク（写真:日経コンストラクション）

　2011年3月、宮城県気仙沼市は津波と火災の複合災害で大きな被害を受けた。夜の気仙沼港が"火の海"となった衝撃的な映像が、記憶に残る読者も多いだろう。沿岸にある燃油タンクなどが津波の影響で倒れて、流れ出た油が火災を引き起こす原因となった。

　同市は朝日町にタンクを再建し、19年6月に無事、「気仙沼油槽所」の運用を開始できた（写真1）。復興の原資となったのが、国が11年12月に創設した復興交付金だ。総額は3兆円超。国の補助以外の部分は地方交付税の加算によって手当するため、地方負担は実質ゼロとなる。

　同交付金は基幹事業と効果促進事業で構成される。前者は復興地域づくりに必要なハード事業だ。国土交通省の所管だと土地区画整理や道路、下水道など23の事業メニューがある（図1）。自治体は被災地区のニーズに合った復興事業を選ぶ。

　基幹事業と関連して、地域の特性に応じた主体的な事業を進めるために設けられたのが、効果促進事業だ。

　気仙沼市朝日町では基幹事業とし

て、復興拠点となる市街地を整備する「津波復興拠点整備事業」を適用した。そして、タンクの津波防護対策は効果促進事業で進めた。地盤改良し、タンクの基礎やタンクを取り囲むPC（プレストレスト・コンクリート）壁を建設した（**図2**）。

「復旧・復興では使い勝手の良い復興交付金制度がうまく機能したと考える。中でも災害後の原形復旧とい

う枠を超えて、社会課題の解決に一歩でも近づけるという意味で、効果促進事業は不可欠だった」。菅原茂・気仙沼市長はこう振り返る。

自由度の高かった復興基金

他にも、効果促進事業よりも自由度が高い「取り崩し型復興基金」が効果を発揮した。復興交付金と比べると金額はかなり少ない。総額で1960億円を、被害状況に応じて県や市町村に分配した。単年度予算の枠にしばられず、使い道は自治体に委ねられる。

取材では「弾力的に使える財源として復興交付金の対象外の事業などで、自由に使えた」という声が多く上がった。例えば、防災集団移転促進事業は災害危険区域に指定された範囲にしか適用できない。そこで区域から漏れた宅地に対して、基金を活用した補助制度を設けた自治体がある。防災集団移転促進事業と同様に、住宅・宅地取得にかかるローンの利子補給や、浸水区域での宅地のかさ上げなどに対して支援した。

先述の朝日町の整備でも一部に、基金を使っている。タンカーが寄りつく桟橋の整備が効果促進事業で認められなかったために、基金を補助金として使用。燃油施設の運営会社がそれを基に桟橋を造った（**写真2**）。

地方財政論に詳しい井上博夫・岩手大学名誉教授は「柔軟な発想で復興の絵を描くために、国の補助基準に合わない場所に基金で手当すると

図1 国土交通省所管の復興交付金基幹事業の4つは使わず

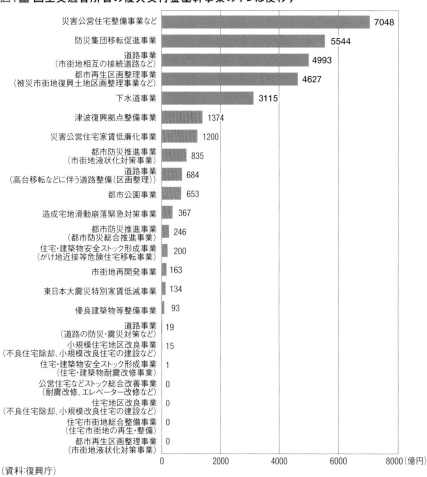

- 災害公営住宅整備事業など　7048
- 防災集団移転促進事業　5544
- 道路事業（市街地相互の接続道路など）　4993
- 都市再生区画整理事業（被災市街地復興土地区画整理事業など）　4627
- 下水道事業　3115
- 津波復興拠点整備事業　1374
- 災害公営住宅家賃低廉化事業　1200
- 都市防災推進事業（市街地液状化対策事業）　835
- 道路事業（高台移転などに伴う道路整備（区画整理））　684
- 都市公園事業　653
- 造成宅地滑動崩落緊急対策事業　367
- 都市防災推進事業（都市防災総合推進事業）　246
- 住宅・建築物安全ストック形成事業（がけ地近接等危険住宅移転事業）　200
- 市街地再開発事業　163
- 東日本大震災特別家賃低減事業　134
- 優良建築物等整備事業　93
- 道路事業（道路の防災・震災対策など）　19
- 小規模住宅地区改良事業（不良住宅除却、小規模改良住宅の建設など）　15
- 住宅・建築物安全ストック形成事業（住宅・建築物耐震改修事業）　1
- 公営住宅などストック総合改善事業（耐震改修、エレベーター改修など）　0
- 住宅地区改良事業（不良住宅除却、小規模改良住宅の建設など）　0
- 住宅市街地総合整備事業（住宅市街地の再生・整備）　0
- 都市再生区画整理事業（市街地液状化対策事業）　0

（横軸：0〜8000億円）

（資料：復興庁）

図2 津波防護対策に効果促進事業として4.6億円

（億円）

基盤整備	復興交付金：基幹事業（用地買収、造成工事）効果促進事業（道路付け替え、給排水設備）		43
造船施設	事業者負担（概算値）		25.7
	国土交通省造船復興補助金		70.3
	シップリフトに対する補助金	日本財団助成金	8
		気仙沼市補助金（復興基金）	1.5
		合計	105.5
燃油施設	事業者の工事費	事業費負担（概算値）	7
		グループ補助金	11
		気仙沼市補助金（復興基金）	3.7
	市の工事費：効果促進事業（地盤改良、タンク基礎、PC壁）		4.6
	合計		26

気仙沼市朝日町における造船施設・燃油施設の事業費。津波防災拠点施設整備関係費を一部除く（資料：気仙沼市）

いう仕組みがもっと普及してもいいと思う。今後、大災害が発生した際には、復興交付金の事業の弾力化と合わせて、基金の増額を視野に入れるべきではないか」と話す。

区画整理後に居住者が戻らず

井上名誉教授は、面的整備に使える基幹事業についても以下のように指摘する。「区画整理事業と防災集団移転促進事業で進めるには、あまりにも大きな災害だった」

山と海が迫る三陸沿岸部の都市では、平らな土地が少ない。防災集団移転促進事業を使って高台へ移転するだけでは対策に限界があったため、現地での再建を目指し、かさ上げを伴う土地区画整理事業が多くの自治体で施行された（図3）。しかしせっかく面的に整備しても、居住者が戻ってきていない区域は多い。

被災地で最も広大な300haの土地区画整理事業を実施した岩手県陸前高田市は、その1つだ（写真3）。

同市では工事の進捗に合わせて、段階的に地権者へ土地を引き渡してきた。ただし「周辺に商業施設などの整備が進んでおらず、道路が全てつながっていなかったため、土地活用の周知を積極的に行えない事情もあった。地権者側も土地の活用に対する考えが、なかなかまとまらなかったのではないか」（陸前高田市政策推進室）

区画整理事業は、各地権者が少しずつ提供（減歩）した土地を道路や

写真2▓ 朝日町地区の津波復興拠点整備事業の範囲。写真中央下に見えるのが、取り崩し型復興基金で補助金を出した桟橋（写真：気仙沼市）

図3▓ 現地に住むには根本的改造が必要

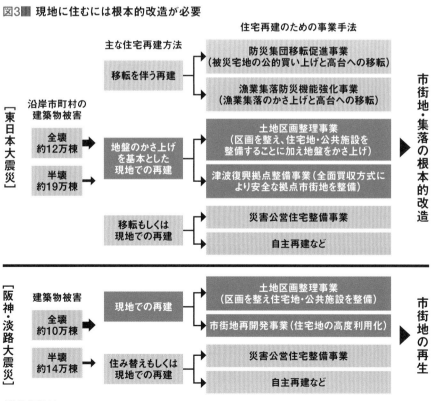

（資料：復興庁）

公園などの公共用地にしたり、売却して宅地整備の事業資金に充てたりする。整備による地価上昇を前提とした事業だ。しかし、人口が減少し、経済が低成長の時代に地価の上昇は見込めない。

加えて、換地に伴うチェックなど手続きが面倒で長い年月を要する。そのため、被災直後は居住の意志を示した住民も、時間がたつと別の場所での生活に慣れて戻らなくなる。

被災者のニーズに合わせて区域を縮小するにしても事業費に関する減歩率に影響するため、途中での大幅な変更は難しいといわれる。

買収型で柔軟な区域変更が可能に

一方で、事業の時間が土地区画整理ほどかからず、区域の変更などにも柔軟に対応できるとして注目を集めたのが、震災後に創設された津波復興拠点整備事業だ。自治体が土地を買い取り、拠点を整備する（図4）。

「段階的に買収する区域を拡大しても、既に土地などを売却した地権者には影響がないので、復興段階での状況変化に柔軟に対応できる」。土地総合研究所の佐々木晶二専務理事はこう説明する。同氏は震災後、国交省で津波復興拠点整備事業の予算の責任者だった。

買収には区域の変更以外にもメリットがある。岩手県大船渡市では、同事業の導入による土地買収が、その後の街づくりの方向性を特徴づけた。同市では街づくり会社である「キャッセン大船渡」によるエリアマネジメントを導入。市から土地を借りた借地人が事業資金を支払う仕組みを採り入れた。市は賃料を減らし、

その減額分を事業資金に充てるようにした。

「市が土地を持てなければ、減額の仕組みを使えず、街づくりのお金を集めることは難しかっただろう」。大船渡市災害復興局大船渡駅周辺整備室の佐藤大基主任は、こう振り返る。

今回の復興では津波復興拠点整備事業に、1市町村当たり2カ所までとし、国費で支援する面積も20haまでとする上限が課された。今回の復興での成果を詳細に検証する必要があるものの、箇所数を増やすことを視野に入れてもよい。

「居住者全員が残るという強い意志を持っていれば、区画整理事業のほうがいいかもしれない。津波復興拠点整備事業と合わせて、柔軟に事業を使い分けることが重要だ」。佐々木専務理事はこう指摘する。

［写真6■陸前高田市における土地区画整理事業の施行区域。空き地が目立つ（写真：日経コンストラクション）］

図4■ 用地買収方式で復興の拠点を整備

［採択要件］
・浸水により被災した面積がおおむね20ha以上であり、かつ浸水により被災した建物の棟数がおおむね1000棟以上であること、または国土交通大臣が先述の要件と同等の被災規模であると認めるもの
・原則として1市町村当たり2地区まで、国費支援の面積上限は1地区当たり20haまでとする
・2015年度末までに着手した事業に限る（東日本大震災復興基本方針：集中復興期間5年間）

［交付対象事業］
・津波復興拠点整備計画策定支援　計画策定費、コーディネート費
・公共施設等整備　地区公共施設整備（道路・公園・緑地・広場その他の施設）、津波防災拠点施設整備（津波防災まちづくりの拠点および災害時の活動拠点として機能する施設）、高質空間形成施設整備（植栽・緑化施設など）、津波復興拠点支援施設整備（地域活力の復興のための活動の拠点となる施設）
・用地取得造成

津波復興拠点整備事業の概要（資料：国土交通省）

被災直後の対応

即時のシミュレーションで命を救う

東日本大震災では、救援に向かう人や避難する住民に十分な情報が届かなかった。
その教訓を基に、災害直後にリアルタイムで正確な被災情報を出す技術が求められた。
想定外の事態にも対応できる津波被害のシミュレーションや避難誘導システムが生まれている。

　地震や津波といった巨大災害の発生直後は、被害を受けた地域からの情報が途絶えることが多い。混乱時の限られた情報で被害の規模を見積もり、迅速な救援を実現しなければならない。

　シミュレーションは、被災した現地の情報がほとんど無くても被害を推定できる。しかし東日本大震災では、想定と比べて津波がはるかに高く、浸水範囲も広かった。シミュレーションによる事前予測から大きく外れたため、人工衛星やヘリコプターで実際の被害を確認してから対応せざるを得なかった。救援や復旧が遅れたのは苦い経験だ。

　そのような震災の教訓をかてに生まれたのが、スーパーコンピューターを使った「リアルタイム津波浸水・被害推計システム」だ（図1）。東北大学災害科学国際研究所の越村俊一教授が中心となって開発した。地震の発生から30分以内で、地域ごとに津波の浸水被害を予測できる。

　従来の予測では、地震規模や震源地を想定した津波シミュレーションを、あらかじめ複数回にわたって実施。その結果をデータとして蓄積する手法を用いていた。

　「蓄えた予測の中から、津波の沖合の観測結果に最も近い結果を抽出する手法だったため、想定外への対応が難しかった」と越村教授は明かす。

　これに対して、新たに開発したシステムは、地震発生後に動いた断層を推定し、スーパーコンピューターによる解析で都度、被害予測をはじき出す。

　研究成果を運用、普及するために国際航業と東北大学ベンチャーパートナーズ、エイツー（東京都品川区）、NECが2018年に大学発のベンチャー企業であるRTi-cast（仙台市）を共同で設立した。国や自治体だけでなく、保険会社や鉄道会社などにも普及が進みつつある。

　被害推定の対象範囲も拡大していく。現在は南海トラフ巨大地震や相模トラフで発生する地震を対象にし

図1 ■ 津波の浸水被害を30分以内で予測

リアルタイム津波浸水・被害推計システムの出力結果例。浸水深分布を示す（資料：越村 俊一）

ている。それが21年度からは、他の地震なども対象に含めた北海道から鹿児島県までの太平洋沿岸全域の被害を推計できるようになる。

ARを使った避難誘導システム

地震の発生直後に対応が迫られるのは、救援に向かう人だけではない。被災住民も素早く避難しなければならない。東日本大震災では逃げ遅れ以外に、適切に避難できずに津波に巻き込まれて亡くなったケースも目立った。

「建物が密集する地域では、津波が建物間で加速・合流して複雑に動いた。避難時に、予測できない方向から襲われる事例も少なくなかった。海から離れる方向に避難するだけでは助からなかった」。中央大学理工学部都市環境学科の有川太郎教授は、東日本大震災による浸水被害をこう振り返る。当時は港湾空港技術研究所で津波の被災調査やメカニズム解明に注力していた。

被災住民を安全に避難させるためには様々なサービスが必要だと感じた有川教授は、AR（拡張現実）を用いた避難誘導システムを開発する。スマートフォンのアプリケーションなどを通じて、避難経路を提供する仕組みだ。

津波の浸水計算や建物の脆弱性、災害発生時の人間の行動などの情報を基に、最適な経路を抽出する（図2）。巨大な水槽を用いて再現した津波による実験で、人に対する危険度

や構造物の脆弱性についての数値計算を補完した。避難所までの最短ルートから多少遠回りしてでも、安全な避難ルートを選択できるようにした。

ディスプレ 上には、避難標識や時系列で変化する津波猶予時間など

を表示する（図3）。途中で津波に遭遇する確率だけでなく、現在の歩行速度が安全であるかどうかを判定し、避難者に示せる。

「誰もが簡単に理解できるツールを使い、逃げ遅れる住民を少しでも減らしたい」と有川教授は意気込む。

図2■ 構築したデータベースから浸水や構造物の破壊、避難などをシミュレーション

データベースの構築

道路や避難場所の脆弱性	津波や高潮、豪雨による浸水被害	災害発生時の人間の行動

▼

構造物の破壊や浸水、避難行動を連携して計算

▼

避難方法の意思決定を支援　街づくり計画をサポート

計算結果に基づいた街づくり支援ツールや避難に関する意思決定支援ツールの開発を目指す。中央大学の有川太郎教授への取材と資料を基に日経コンストラクションが作成

図3■ リアルタイムで避難誘導

ARを用いた避難誘導システム。ディスプレー上に避難経路を表示する（資料:有川 太郎）

34mの津波想定でも諦めない

想定外の災害からの復興は極めて難しいと、東日本大震災で多くの自治体が痛感した。
南海トラフ巨大地震や首都直下地震など、今後も大規模災害が訪れる確率は高い。
東日本大震災と同じ徹(てつ)を踏まないために、災害前から復興を検討しておく「事前復興」が重要になる。

　東日本大震災では、津波被害の規模が事前の想定をあまりにも超えていて、その後の復旧・復興を手探りで進める羽目になった。東京大学大学院工学系研究科社会基盤学専攻の中井祐教授は、「平時から災害の発生を想定した準備をしておかなければ、非常時に対応できない」と事前復興の必要性を話す。

　事前復興とは被災後に進める応急対応の手順や進め方を事前に準備しておく他、復興時の街の目標像を事前に検討する取り組みだ。被災後の復興の難しさを考えて、平時から災害に強い街を整備する行為も含む。

　事前復興に力を入れているのが、南海トラフ巨大地震で最大高さ約34mの津波が襲うと想定されている高知県黒潮町だ。

　「2012年に内閣府から被害想定が公表された時、あまりの規模に住民の間には諦めムードが漂っていた」。黒潮町情報防災課南海地震対策係の宮川智明係長は、こう振り返る。住民の防災意識を変えるため、地道に対策に取り組んできた。

　例えば、庁舎の高台移転（図1）。震災前には旧庁舎の近くに建設する予定だった。しかし、東日本大震災で津波による被害を受けた庁舎が、災害対策機能を失った事例を考慮して、移転地を変更した。

　津波が到達するまでの避難が難しい地区では、津波避難タワーを6基建設した。浸水深が18mと想定される佐賀地区のタワーは、国内最大級の高さ22mを誇る（写真1）。

　東日本大震災を上回る規模の津波が来るにもかかわらず、防潮堤を選択しなかったのは、予算の確保が難しかったからだ。ただ宮川係長は、「目の前で津波避難タワーなどの防災インフラが整備され、住民の防災に関する意識が高まった」と話す。

全職員200人が防災担当を兼務

　これらのインフラの整備計画は、

図1 ■ 津波の浸水避けて、庁舎を高台移転

候補地を高台移転

新候補地

旧庁舎

候補地

一般国道56号

東日本大震災による想定外の津波被害を受けて、南海トラフ巨大地震に対する被害想定を見直した。当初計画していた候補地から、高台への移転を決めた。黒潮町情報防災課への取材と資料を基に日経コンストラクションが作成（資料・写真：次ページも黒潮町）

住民と役場の職員によるワークショップでの議論が基となった。全地区で街の防災方針を決めるワークショップを開催するため、役場の約200人の全職員が防災担当を兼務する「職員地域担当制」を導入した。

宮川係長は「業務量が増えることに、庁内から反対意見は出なかった。やるしかないと全員が考えていたのではないか」と推測する。ワークショップは200回以上に及んだ（**写真2**）。

他にも、津波による浸水が予想される40地区の全3791世帯で、津波からの避難方法や避難先までの所要時間、家族構成、自宅の耐震性などを記した「戸別津波避難カルテ」を作成した（**図2**）。

黒潮町では、高齢者が全人口の半数近くを占める。東日本大震災では60歳以上の死亡率が6割超と高く、同町でも避難が難しい高齢者の把握が課題となった。

カルテを作成する際に開いた懇談会への参加率は、約63％だった。「40地区を283班に細分化して開催した。1人ひとりが防災に関して考える機会を設けることができた」（宮川係長）

20年には、足の不自由な高齢者が津波避難タワーに登れない状況を想定して、エアバッグ式の担架で運ぶ訓練を実施した。地元の小学生も参加する地域全体の取り組みだ。

想定外の被害を防ごうと、地道に対策を重ねた結果、住民の防災意識が醸成され、今では住民から諦め

写真1■ 津波によって、高さ18mまでの浸水が想定される黒潮町佐賀地区に建設した津波避難タワー。避難フロアまでの高さは22m

写真2■ ワークショップで避難道路や避難場所などの課題を議論し、防災・避難インフラの整備計画を立てた

図2■ 世帯ごとに「戸別津波避難カルテ」作成

津波浸水予測地域の住民に、援助の必要性や希望する避難手段、自宅の耐震性などを記載する戸別津波避難カルテを作成した

ムードは感じられないという。

被災感情に流された非効率を防ぐ

　黒潮町ほどではないにせよ、南海トラフ巨大地震や首都直下地震に備えて、事前復興に取り組む自治体がここ10年で急増した。東日本大震災の被災地で、整備後に土地が活用されていない状況などが浮き彫りになり、被災直後の避難、救援の対応に加えて、復興段階を見据えた準備が必要だと実感しているようだ。

　ただ、被災後の街の将来像を議論するだけでは足りない。「被災後にどういうプロセスで復興するのかを検討しなければならない。それがあって初めて、復興に必要な事業手法は何なのかという議論ができるようになる」。日本都市計画家協会の渡會清治専務理事はこう話す。

　基盤整備以外にも、高い防潮堤や巨大な造成盛り土の是非などが東日本震災では議論となった。自治体は復興費用の負担がなかったため、被災後の市民の感情に寄り添い、ニーズに応じようと、できるだけ手厚いインフラを整備した。結果として、活用が不十分なインフラなどが散見されている。

　「被災直後の混乱している状況下で、街の今後について冷静に判断することは難しい」と、日本大学理工学部土木工学科の大沢昌玄教授は話す。震災後の「被災感情」に流されず最適な街づくりを進めるためにも、事前復興は重要な意味を持つ。

被災前こそ進めるべき議論がある

日本大学
理工学部土木工学科
教授
大沢 昌玄
（写真：大沢 昌玄）

　岩手県陸前高田市では、被災地において最大級の土地区画整理事業で大規模なかさ上げを実施した。しかし、被災前から減少していた同市の人口は回復しないままで、未活用の更地が今も広がっている（**写真3**）。

　そもそも土地区画整理事業は、関東大震災や阪神・淡路大震災など、社会情勢が上向きの際に確立された復興の在り方だ。現状の日本にそぐわ

ない可能性がある。

　東日本大震災に限らず、南海トラフ巨大地震の被災が予測される地域の多くでは、過疎化や高齢化が進む。人口や経済は、横ばい・減少の情勢にある。そのような状況下で、被災後に大規模な復興を進めても、住民は土地を活用しきれないだろう。

　だからこそ、災害リスクが高い地域では、被災前から街の将来像を議論する「事前復興」が必要だ。被災直後の混乱している状況下で、街の今後について冷静に判断することは難しい。高知県黒潮町のように、住民と職員が何度も話し合って、将来像を共有できれば、復興は円滑に進むと思われる。（談）

写真3█ 未活用の更地が広がる岩手県陸前高田市（写真：日経コンストラクション）

死角突く建物被害との戦い

自然の猛威は時に想定を上回る。地震国日本の建築は次々に現れた課題を克服すべく、技術面・制度面で進化してきた。
能登半島地震では耐震化の重要性が改めて明白になった。

図の見方

日経アーキテクチュアが報じた国内の主な地震を対象に、規模や被害を図化した。地図に丸で示したのは、震源とマグニチュード。時系列の棒グラフで示したのは、住家全壊・全焼・流出数と死者・行方不明者数。2024年の能登半島地震は同年3月1日時点。出典は、震源とマグニチュードは気象庁。死者・不明者と全壊数などは総務省消防庁。ただし、以下の地震についての出典はカッコ内で示した通り。鹿児島県北西部地震、三陸南地震、2005年宮城県沖地震の死者・不明者数、全壊数（気象庁）

マグニチュードの大きさの例

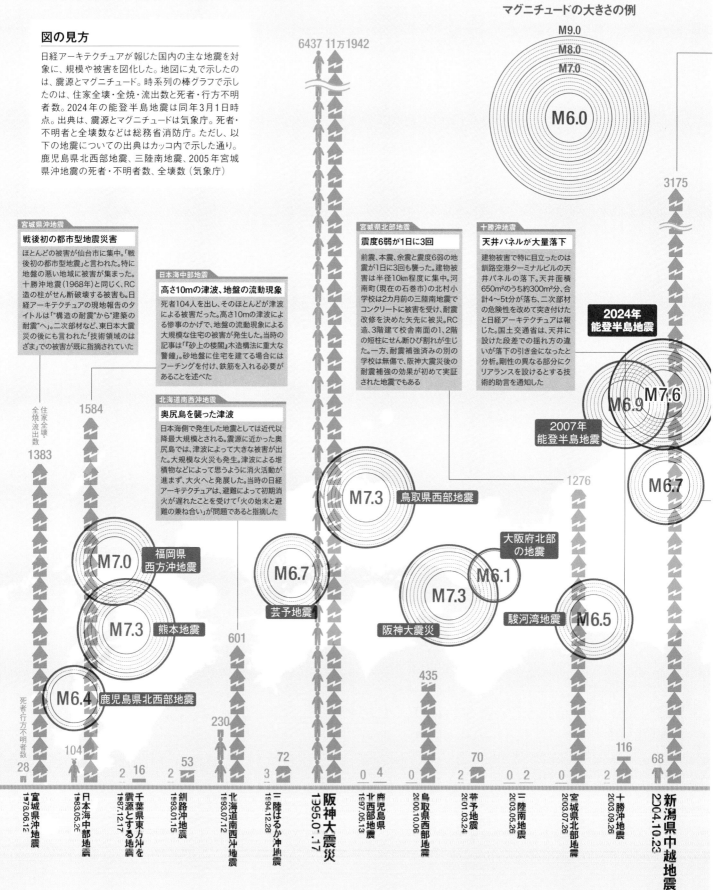

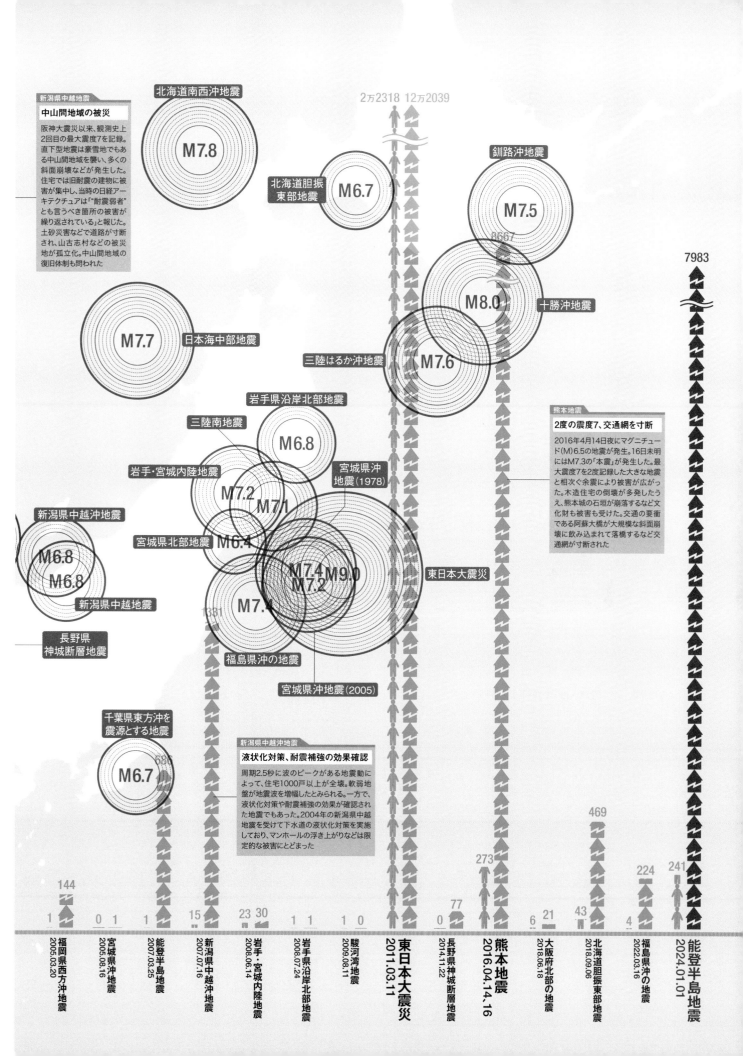

新潟県中越地震

中山間地域の被災

阪神大震災以来、観測史上2回目の最大震度7を記録。直下型地震は豪雪地でもある中山間地域を襲い、多くの斜面崩壊などが発生した。住宅では旧耐震の建物に被害が集中し、当時の日経アーキテクチュアは「"耐震弱者"とも言うべき箇所の被害が繰り返されている」と報じた。土砂災害などで道路が寸断され、山古志村などの被災地が孤立化。中山間地域の復旧体制も問われた

北海道南西沖地震　M7.8

北海道胆振東部地震　M6.7

釧路沖地震　M7.5

十勝沖地震　M8.0

三陸はるか沖地震　M7.6

日本海中部地震　M7.7

2万2318　12万2039

8667

7983

岩手県沿岸北部地震　M6.8

三陸南地震

岩手・宮城内陸地震　M7.2

宮城県沖地震（1978）　M71

宮城県北部地震　M6.4

新潟県中越沖地震　M6.8　M6.8

新潟県中越地震

長野県神城断層地震

M7.4　M9.0　M7.2

東日本大震災

福島県沖の地震　M7.4

宮城県沖地震（2005）

1381

千葉県東方沖を震源とする地震　M6.7

686

熊本地震

2度の震度7、交通網を寸断

2016年4月14日夜にマグニチュード（M）6.5の地震が発生。16日未明にはM7.3の「本震」が発生した。最大震度7を2度記録した大きな地震と相次ぐ余震により被害が広がった。木造住宅の倒壊が多発したうえ、熊本城の石垣が崩落するなど文化財も被害も受けた。交通の要衝である阿蘇大橋が大規模な斜面崩壊に飲み込まれて落橋するなど交通網が寸断された

新潟県中越沖地震

液状化対策、耐震補強の効果確認

周期2.5秒に波のピークがある地震動によって、住宅1000戸以上が全壊。軟弱地盤が地震波を増幅したとみられる。一方で、液状化対策や耐震補強の効果が確認された地震でもあった。2004年の新潟県中越地震を受けて下水道の液状化対策を実施しており、マンホールの浮き上がりなどは限定的な被害にとどまった

144

469

273

224

241

77

1　　0　1　　1　　15　　23　30　　1　1　　1　0　　0　　6　21　　43　　4

福岡県西方沖地震 2005.03.20
宮城県沖地震 2005.08.16
能登半島地震 2007.03.25
新潟県中越沖地震 2007.07.16
岩手・宮城内陸地震 2008.06.14
岩手県沿岸北部地震 2008.07.24
駿河湾地震 2009.08.11
東日本大震災 2011.03.11
長野県神城断層地震 2014.11.22
熊本地震 2016.04.14.16
大阪府北部の地震 2018.06.18
北海道胆振東部地震 2018.09.06
福島県沖の地震 2022.03.16
能登半島地震 2024.01.01

初出掲載号／執筆者

p8　1章フォトルポ「記者が見た能登半島地震」
日経アーキテクチュア2024年1月25日号／能登半島地震共同取材班

p22　5分で分かる重要ワード
日経BPムック「検証　熊本大地震」／森下慎一

p26　2章住宅・建築編「震度7の衝撃」
日経アーキテクチュア2024年2月8日号／能登半島地震共同取材班

p58　3章土木編「土木被害の全貌」
日経コンストラクション2024年2月号／能登半島地震共同取材班

p86　4章工場・製造業編
日経Automotive2024年3月号ほか／加藤雅浩ほか

p94　5章情報通信編
日経クロステック特集「能登半島地震、通信インフラは災害に強くなったのか」／
野々村洸、永田雄大

p110　6章いま巨大地震が起こったら「巨大地震20XX」
日経アーキテクチュア2023年4月13日号／
桑原豊、中東壮史、星野拓美、池谷和浩=ライター

p130　6章いま巨大地震が起こったら・土木分野別の対策
日経コンストラクション2023年5月号／青野昌行、奥山晃平

p154　7章東日本大震災10年にみる課題「検証・東日本大震災10年」
日経アーキテクチュア2021年3月8日号／
佐々木大輔、桑原豊、木村駿、森山敦子、坂本曜平、奥山晃平

p172　7章東日本大震災10年にみる課題「復興はまだ終わらない」
日経コンストラクション2021年3月8日号／
真鍋政彦、安藤剛、奥山晃平

p188　死角突く建物被害との戦い
日経アーキテクチュア2013年5月10日号／
島津翔、加筆:佐々木大輔、渋谷和久

検証　能登半島地震
首都直下・南海トラフ 巨大地震が今起こったら

2024年4月8日　初版第1刷発行

編者	日経クロステック、日経アーキテクチュア、日経コンストラクション
発行者	浅野祐一
編集スタッフ	渋谷和久、加藤雅浩、榊原康
発行	株式会社日経BP
発売	株式会社日経BPマーケティング
	〒105-8308　東京都港区虎ノ門4-3-12
アートディレクション	奥村靫正（TSTJ Inc.）
デザイン	出羽伸之／真崎琴実（TSTJ Inc.）
印刷・製本	図書印刷株式会社

Printed in Japan
ISBN 978-4-296 20481-6